上：ジャクリーンと　アフロ提供

左：家族と　1963年。Alamy 提供

前ページ：演説するケネディ　Alamy 提供

宇宙船フレンドシップ号を視察　1962年。アフロ提供

新・人と歴史　拡大版　33

# ケネディとニューフロンティア

中屋健一 著

SHIMIZUSHOIN

本書は「人と歴史」シリーズ（編集委員　小葉田淳、沼田次郎、井上智勇、堀米庸三、田村実造、護雅夫）の「J・F・ケネディ」として一九七一年に、「清水新書」の『ケネディとニューフロンティア』として一九八四年に刊行したものに表記や仮名遣い等一部を改めて復刊したものです。

# 序

今（一九七一年――編集部注）から二五年ばかり前のことであるが、アメリカの五五人のアメリカ史および政治学者が、それぞれ専門家的良心をもって歴代の大統領の品定め投票を行なったことがある。この集計で、偉大なる大統領という評価を受けたのは、順序のとおり記せば、リンカン、ワシントン、フランクリン＝ローズヴェルト、ウィルソン、ジェファソン、ジャクソンの六名であった。リンカンは合衆国の分裂をふせいだという点で、ワシントンは新憲法を実施したという点で、ローズヴェルトは重要な経済社会改革とアメリカの国際的役割を果たしたという点で、それぞれ偉大な業績を残したものといえる。これらの偉大な大統領は、それぞれかれらの時代の特殊な条件にしたがって、アメリカの運命について、新しい構想を打ち出し、適当な判断と行動によって、大きな成果を収めたのである。共通していえることは、かれらは、次の選挙のことばかりでなく、次の世代のことをも考えていたということである。そして、かれらはみな、かれらの時代における進歩主義と人間改革に熱意を示した。ワシントンは、国内政治との関連から見れば保守的ではあったが、世界的な視点から見れば、かれはイギリス国王に対する人民の革命を指導し、近代的国家としての共和国建設を達成した急進主義者であった。

ケネディが大統領になった一九六一年一月は、国内においては景気は後退し、失業者の数は増加していたし、国際問題の面では、冷たい戦争は激化し、東西関係は暗雲の中にとじこめられていた。しかし、かれがこの世を去った一九六三年一一月には、景気はまったく回復し、失業者の数は減少していた。かれの主唱したニューフロンティアは、議会の保守勢力の反対にあって、完全に実現したとはいえないまでも、公民権、社会保障、教育、宇宙競争、インフレ克服などにおいて相当の成果を収め、次の大統領ジョンソンの「偉大なる社会」政策に引きつがれて着実に前進している。また、外交政策の面においても、東西関係の改善に努力し、ついに部分的ながら核実験停止条約の成立にまでこぎつけ、また、キューバへのソ連ミサイル持ち込みによる危機を巧みに切り抜け、平和共存体制への基礎をつくることに成功し、戦争の危険を遠のかせたことは、大きな業績だといえる。ケネディと反対の立場に立ち、異なった思想を持っていたフルシチョフですらも「かれは情勢を現実的に把握し、現在、世界を分裂させている国際問題を、交渉によって解決する道を見出そうと努力した幅の広い見解を持った政治家である」と褒めている。

ケネディのニューフロンティア政策は、長期計画であり、八年後のアメリカ社会のあり方を考えていたものであった。すなわち、リンカン、ワシントン、ローズヴェルトなどと同じく、次の世代のことを十分に考えていた大統領であったということができよう。また、ニューフロンティアは、急進的ではないが、進歩主義と人間改革に重点をおくものであった。

偉大な大統領は、また強い大統領でもあった。強いという意味は、行政部を輝かしい存在にするために指導力を発揮したということである。もちろん、偉大なる大統領も、その実際の方法は、いろいろである。ワシントンは、ともかく「国の父」であり、その威信を十分に発揮し、議会を圧倒した。ローズヴェルトはラジオを利用して国民に訴える方法をとった。ケネディも、新聞記者会見を初めてテレビで全米に放送させ、自分の考え方を直接国民に訴えた。ケネディほどテレビを利用した大統領はなかった。かれらは、いずれも強引な人物であったから敵もまた多かった。実業界はつねに改革に反対し、政治家は余計なことに手を出すまいとする。議会は、行政部による権限侵害に怒る。少数党は何でも事ごとにさわぎ立てる。この点では、ワシントンも、リンカンも、ローズヴェルトも同じであったが、ケネディもまたその一人であった。敵が多いということは、現状維持に甘んじないことを積極的に行なおうとするからである。もっとも良い例はリンカンであろう。南部という強力な反対者を相手に持っていたからである。ケネディの場合も、南部は強い敵であった。同じ党派の中からも強く非難された大統領としては、南北戦争中のリンカンが良い例だが、ケネディのニューフロンティアも南部の民主党からははげしく非難された。

問題は、これらの反対を忍耐強い説得と、あえてこれを実行するための勇気があるかどうかという点である。これらの点から見るとケネディはまさに満点の大統領であったといえよう。偉大ということを決定する資格は、偉大さが必要なときに偉大を生み出す能力である。この点でも、ケネディは偉大な大統領であったといえよう。

※本書には、「中共」「ベトコン」など、現在では不適切な用例がありますが、当時の実情を表す用例であり、また、著者の執筆当時の意向を重んじて一九七四年刊行の底本のままとします。

——清水書院編集部

目次

## Ⅱ　ニューフロンティアへの道

# I

# 大統領への道

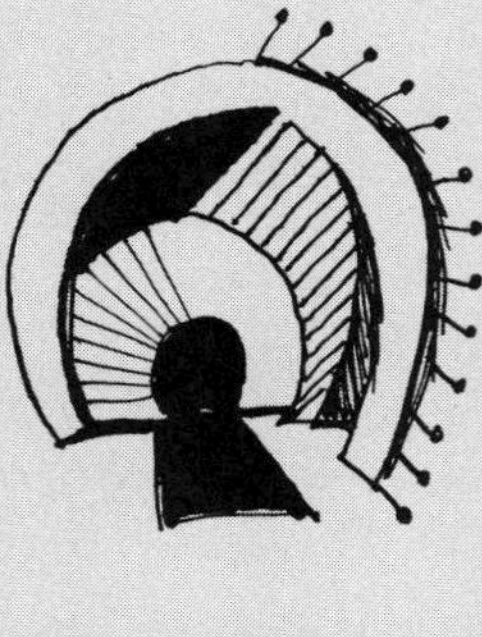

# 全国的に売り出す

## ❖ケネディを副大統領に

一九五六年、ジョン＝フィッツジェラルド＝ケネディは、政界に入って一〇年目を迎えた。しかし上院議員としてはわずか四年の経験を持つだけなので、まだ全国的に名を知られる政治家というところまでには行っていなかった。しかも、二年前から、第二次世界大戦に従軍して、日本軍のために撃沈された艇長をしていたときの傷がふたたびいたみ始めて、せき椎の二重接合手術を受けたばかりであった。療養中執筆した『勇気ある人々』という、アメリカ史上勇気を持ってその政治的信念を貫いた八人の上院議員の伝記がこの年の一月に出版されて、好評を博し、ケネディが健康の回復とともに気を良くしていた年でもあった。

一九五六年は大統領選挙の年でもあった。ケネディ上院議員はこの選挙を機会に、全国的に名を知られるようになった。それは、かれが民主党の副大統領候補の一人となったからである。

勇気あるケネディ中尉に勲章が与えられる

大統領選挙については、ケネディは初めからアドレー＝スティーブンソンを支持する立場をとった。実際問題としては、誰が民主党の大統領候補になっても、全国的に人気があり、かつ現職の大統領であるアイゼンハウアーに勝つことはむずかしいと思われていたが、ケネディは民主党のリベラル派であり、かつ経験や能力からいってスティーブンソンがもっとも適任だと考えていたのである。

ところが、一九五六年の初めごろから、ケネディの選挙区であるマサチューセッツ州では、かれをスティーブンソンの副大統領候補にしてはどうだろうかという運動が持ち上がった。ケネディは別に乗り気ではなかったが、かれを推す人たちは、たとえ敗れてもまだ若いかれは全国的に名を知られるようになり、将来、大統領を狙うことも可能だと判断していた。説得にあって、ケネディも、もし指名されたら立候補するという決心をした。しかし、ケネディの父ジョセフは、もしケネディが副大統領候補になって敗れれば、カトリック教徒と組んだから負けたのだなどといわれる。カトリック教徒はアメリカの歴史上まだ大統領になったことがないので、カトリック教徒であるケネディが大統領になる可能性はさらに何十年も延ばされるのではないかと心配した。

ケネディが副大統領候補になるための最大の問題は、かれがカトリック教徒であるということであった。ケネディの側近であるセオドア＝ソレンセンは、今までの投票記録を調べて、カトリックの副大統領候補が、プロテスタントの大統領候補と組むことが有利であるという分析を行なった。

六月までに、〝ケネディを副大統領に〟という運動は相当活発に推進された。その中でももっとも有力な推進者はコネチカット州知事エイブラハム＝リビコフであった。かれはいった。「一九二八年以来、この国はかなり成熟した。民衆は、性格、人柄、主義主張を基礎にして投票する」と、宗教的要因は重要でないと主張した。一九二八年というのは、カトリック教徒の民主党大統領候補アル＝スミスが敗れた年のことをいっている。

## ❖副大統領候補の資格

一九五六年の春ごろまでに、他の副大統領候補を狙う人々の陣営も活発に運動を進めていた。今までは、大統領ならともかく、上院議長になるだけでとかくかざりもの的な副大統領になりたいという政治家は案外少なかったものだが、こういった考え方は、アイゼンハウアーが大統領になってからは相当変化してきた。副大統領のニクソンは、大統領の代理として、外交や国内政治の面でも相当に活躍していたからである。一九五六年の春には、副大統領候補を狙う人たちは民主党だけでも一二人に及んでいた。副大統領候補の資格としては、まず第一にスティーブンソン支持でなければならないが、その他、結婚していて過去において離婚の経験のない者、できれば第二次世界大戦に参戦した経験のあるもの、そして、スティーブンソンの出身地であるイリノイ州以外で、この州以外のセクションに属して有力な州の出身者であることであった。ケネディはこれらの点で適任者と考えられた。しかも、選挙に強く、演説に魅力があり、選挙費を自弁できる資金を持っているという利点があった。

しかし、スティーブンソンは副大統領問題については何も言わなかった。ケネディの義弟サージェント＝シュライバーがスティーブンソンに打診したところでは、やはりスティーブンソンはケネディの宗教問題を気にしているようだった。

“スティーブンソンを大統領候補に！”
ケネディは呼びかける（1956年民主党全国大会）

ケネディの陣営は、静かに組織運動を進めた。友好的な知事や下院議員や党の指導者に地道に働きかけた。民主党の全国大会が近づいたころには、中央指令室、代議員と新聞記者への資料の配布、党大会の楽団に対する指令、州代表団の中の下院議員との特別の接触などについて計画がつくられた。

一九五六年八月、民主党全国大会がシカゴの国際円形劇場で開かれた。この大会は、全国から集まった代議員が、党の正副大統領候補を選び、選挙に臨む党の綱領を採択するという重要な役目を持っていた。

大会の二日目の夜、突然スティーブンソンの本部からケネディに電話がかかってきた。スティーブンソンのために翌日指名演説をしてもらいたいといってきた。ケネディはこれを引き受けた。しかし、このことは何もケネディを副大統領に選ぶことを意味するものではなかった。否《いな》、むしろ逆のことが多かった。指名演説をすることは重大なことであったが、今までの大統領候補は、副大統領候補になりたいと思っている人物の中から、そうならない人物を選んで指名演説をさせ、その人の自尊心を傷つけないようにするのが例であったからである。

その翌日、ケネディは与えられた仕事を果たし、スティーブンソンは第一回の投票で大勝し、大統領候補に選ばれた。

## ❖ケネディの敗北

さて、次は副大統領候補である。猛烈な拍手に迎えられて演壇に上がったスティーブンソンは、短い演説を行なったが、この中で、かれは、「私は過去の先例をやぶる決心をしました。この大会の自由な論議を通じて副大統領を選んでもらうことに決めました……」と述べた。これは、今まで名前のあがっている候補者なら誰でも引き受ける用意があるということであった。

ケネディは最後の運動にとりかかった。しかし投票までに一二時間しかなかった。ケネディとかれの側近者は、代議員に会うために一晩中シカゴ市中をかけまわった。ケネディは一部の南部の代議員たちに会った。ニューイングランドの代表団はだいたい大丈夫だった。しかし、ニューハンプシャー州は、キーフォーヴァー支持であった。ケネディのマッカーシーに対する態度があいまいだったというので、進歩派はかれに冷たかった。

いよいよ、投票となった。第一回の投票は予想されたとおり、キーフォーヴァーが四八三票と二分の一票、ケネディは三〇四票、アルバート=ゴア、ワグナー、ハンフリー、その他の順だった。第二回目の投票は、ニューヨーク、テキサスなどがケネディ支持に切りかえたので、かれは六一八票で第一位となった。キーフォーヴァーは五五一票と二分の一票であった。しかし、指名を獲得するためにはあと六八票が必要であった。第三回の投票でケネディの票はさらに三〇票ふえた。しかし、ミズーリ州がゴアからキーフォーヴァーに切りかえたことによって、ケネディの敗戦は確実になった。

ケネディは、一九四六年に初めて下院議員に立候補して以来、生まれて初めての敗戦を経験した。しかし、かれは別に落胆した様子もなく、会場に入り、自分のために努力してくれた人々に感謝の言葉を述べ、最終投票を行なって、キーフォーヴァーを満場一致で指名するよう要請した。

政治家として最初の敗北を喫したとはいえ、この敗北は結果的に見てケネディの将来に有利に作用した。それはこの大統領選挙で民主党は敗れたからである。もし、ケネディがこのとき副大統領候補として敗れたならば、かれは将来大統領として立候補するときマイナスになったであろう。むしろ、この敗戦はケネディの名を全国に知らしめることになったし、とくに、その堂々たる敗北に好感をよせた国民が多かったのである。

党大会が終わると、ケネディは一民主党員として、スティーブンソンの大統領選挙を熱心に応援した。数か月前まで、ケネディの名も知らなかったアメリカ国民は、かれの応援演説に耳を傾けた。スティーブンソンが敗れたあと、ケネディはもはや副大統領ではなく、次期大統領の有力な候補者のリストにその名をつらねることになったのである。

## ❖上院外交委員となる

かくして、ケネディはわずか三九歳の青年政治家として全国的な政治に乗り出し、かれの政治家としての成長は新しい時期を迎えることとなった。母校ハーバード大学はこの年名誉学位を与えた。学位証書には「果断なる公人、有能なる上院議員、ハーバードの子、党には忠誠、主義にはあくまでも忠実である」と記されていた。その六月の学位授与式の日、ケネディはハーバードで演説して、インテリの役割をたたえ、政治家は冷静であらねばならない、決して自分自身のスローガンの虜《とりこ》とならないよう、学者の持つ専門的判断と客観的観点の両者を備え持たなければならないと述べた。この演説はケネディ自身の政治家としての成長を示すものとして注目されている。

一九五七年一月、ジョージ上院議員が引退したので、上院外交委員会に空席ができた。この委員会は上院ではとくに有力なので、ケネディはもっとも入りたいと思っていた委員会であった。しかし、皮肉にも、このときも、キーフォーヴァーとケネディの争いとなった。キーフォーヴァーはケネディよりも上院においては四年も先輩であったが、リンドン＝ジョンソンの率いる民主党議事運営委員会は、あえてこの地位をケネディに与えた。要するに、ケネディのほうが人気があったからであった。

ケネディが外交委員会に入りたかったのは、アメリカの議会でも上院の外交委員会というのはもっとも力があり、かつその委員が尊敬されるということばかりではない。かれ自身、外交問題には知識も経験もあり、大いに関心を持っていたからである。ケネディがハーバード大学に在学中、一九三七年フランス、スペイン、イタリアを旅行し、当時はげしく動く国際情勢を眼のあたり見聞して、国際問題の研究に大いに興味を抱いた。その年の秋、父ジョセフがアメリカの駐英大使となった。このとき、ヨーロッパの情勢はますます悪化の一途をたどっていた。ドイツはチェコスロヴァキアの一部を獲得し、ヒトラーの野心はますますはっきりしてきた。ケネディはもうたまらなくなってロンドンの父のところに赴《おもむ》き、父の良き「取材記者」になって、ヨーロッパ各地を歩きまわった。まず、パリを訪れたのちポーランドに赴き、ドイツとポーランドの間に起こっていた紛争に対する見解を父に伝えた。次いで、ソ連を訪問し、「粗野な、おくれた、絶望的な官僚の国」と批判した。それからクリミア半島を訪れ、イスタンブールからイェルサレムに向かった。かれの「取材旅行」が終わってロンドンに帰るとまもなく、第二次世界大戦が始まった。

また、ケネディはハーバードの卒業論文に「イギリスはなぜ眠っていたか」を書いた。これは後に出版されてベストセラーになったものだが、かれはこの論文で、ミュンヘン会談におけるイギリス外交の生ぬるさを批判している。

## ❖ケネディの外交政策

外交委員会の一委員となったケネディは、これらの海外旅行や自分の研究の成果で得た知識を十分に活用して活躍した。その年の暮、アイゼンハウアー大統領は、共和党の選挙功労者の一人であったマクスウェル＝グルックをセイロン（現、スリランカ）大使に任命し、上院にその承認を求めた。グルックは赴任する国セイロンについて何も知っていなかったので、ケネディは「グルックの任地を変更することが、アメリカの利益にもっともそうゆえんではないか」と発言し、この任命に反対した。ハーター国務長官代理が、大使には多額の出費が必要なので財力のある者を選ばざるを得ないと答えると、ケネディは、海外在住のアメリカ人が大使に社交上の要求をすることを非難した。

さらにケネディは一九五八年の相互安全保障法の聴聞会で、国務長官ジョン＝フォスター＝ダレスを批判した。かれはダレスに質問した。「われわれが、わが国の国防力、とくにミサイル部門における国防力を維持することはきわめて重要である。しかし、あなたは軍事よりも経済

ジャクリーンは上院議員事務室で、多忙なケネディを手助けする

に力を入れているソ連の判断のほうがわれわれよりも賢明だとお考えにならないか」と食い下がった。ダレスは共産主義者による破壊活動と戦うために対外軍事援助の必要性を強調した。ケネディは該博《がいはく》な知識をもって、経済援助の不十分さを指摘し、注目をひいた。

　また、ケネディは、アメリカの外交評論誌としてもっとも権威のある「フォーリン-アフェアーズ」誌に『一民主党員の見た外交政策』という論文を寄稿した。ケネディによると、今日のアメリカの外交政策には二つの重要な弱点がある。第一にナショナリズムの力が、とくに北アフリカ、ヨーロッパ東南部および中東において、世界の政治地理学的地図をいかに書きかえているかを認識できないこと、第二に、アメリカの指導者には決断と確信がないこと、このことについては国民と議会に真実を知らせることを恐れている、とアイゼンハウアー－ダレス外交を痛烈に批判している。

ケネディは、建設的な意見として、共産主義国にも援助を与えるようにすること、西ドイツや日本に対しては若い指導者や野党ともっと密接な関係を持つようにすること、フランスと経済的相互関係を保ちながらアルジェリア問題を解決すること、多数国が参加する地域的開発資金を設けること、アラブ難民対策などを含むより幅広い中東政策をたてることなどをあげ、指導力と最高指導部における政策の明確化を指摘している。

これらは、現在でもある程度うなずける外交政策だが、ケネディ自身もこれらの政策を推進するために積極的に動いている。対共産諸国援助を不可能にしていたバトル法の修正に成功し、長期的な対インド援助計画をつくらせたなどはその一例である。

## 立候補の足固め

### ❖ケネディと黒人問題

一九五四年の最高裁の判決以来、黒人と白人の平等を要求する叫びが全米をおおった。リンカンの政党である共和党が公民権擁護のために支持を与えてきたことはすでによく知られていたが、南部に地盤を持つ民主党は選挙のたびごとにあいまいな態度をとらざるを得ない立場にあった。民主党でももちろん進歩派は公民権法案が議会に提出されるごとに支持を与えていたのだが、保守的な南部の民主党員は強く反対した。

ケネディはもちろん進歩派に属してはいたもののその立場はきわめて微妙だった。シカゴの党大会で南部の指導者がケネディを支持したからであった。一九五七年の公民権法案が提出されたとき、ケネディはその態度決定を迫られた。最大の論点はその第三条にあった。この条項は学校における人種的分離その他の公民権を施行する命令権を司法長官に与え、いちいち州法や地方条例による人種差別を裁判にかけなくともすむようにしたものであった。ケネディは勇敢にこの条項を支持した。しかし、実際には保守派によってこの第三条は葬り去られたのであった。

第三条がなくとも、この公民権法案は、まだないよりはましであった。それは南部黒人の選挙権という重要な権利を擁護するものであったからである。ところが選挙権関係の法廷侮辱罪で陪審裁判を必要とするという条項の欠けていることが、穏健派と進歩派の一部を動揺させることになった。そのような条項を入れると南部の白人陪審員が白人に有利な決定をするようになるかも知れないという心配がそれであった。ジョー＝オマホーニー上院議員は陪審裁判を入れる修正を強硬に支持した。労働者、ＮＡＡＣＰ（全国有色人種向上協会）、ＡＤＡ（民主的行動を支持するアメリカ人）など公民権派はオマホーニー修正案に強硬に反対し、南部議員はこの案が通過しなければ法案全体について議事妨害を行なう態度を見せた。

ケネディは、数人の法律学の大学教授に意見を求め、この修正案が、法案修正の効果を妨げることはおそらくないであろうとの結論を得た。かれはこの修正案は、陪審裁判を行なうために黒人陪審員を任命することになり、事実上公民権を拡大するものだと考えた。結局この修正案は可決され、公民権法案そのものも圧倒的多数で可決された。

このときのケネディの考え方は、決して進歩派と同一ではなかったが、実際的なものの見方をしている。いくら法律がつくられても、実際に役立たなければ何もならないというのが、ケネディの考え方であった。

黒人問題の解決は困難ではあるが、少なくとも法律による差別待遇が撤廃されなければならないとケネディは考えていたのである。

## ❖圧倒的勝利で再選

一九五八年になるとケネディはますます忙しくなった。一週間に一〇〇通を超える講演依頼状が事務所にとどくようになった。一九五七年にはかれは全国各地で少なくとも一五〇回、五八年には二〇〇回に及ぶ講演を行なっている。こういう講演会では、時々「ケネディを大統領に」というプラカードがふられ、時には、「次期アメリカ大統領」という紹介の辞も述べられた。

ケネディが全国遊説をつづけるにつれて、雑誌の編集者たちは、ケネディとその妻ジャクリーンについての記事を載せはじめた。どの記事も、かれの若さ、戦歴、家柄、資力などについて興味をひくようなものであった。もちろん、新聞もしばしばかれのことについて書いた。ケネディ自身も多くの記事をいろいろの雑誌に寄稿した。今やケネディは全米の人気者の一人であった。もちろん、政治家のことであるから、敵はいないわけではないが、国民の多数からよく名を知られるようになったことはたいへんなプラスであった。

一か月に一〇いくつかの論文と演説文を書き上げるためには、ケネディの事務所はさながら新聞社のような忙しさであった。その他情報と新しいアイデアを得るために、かれは母校のハーバード大学を利用した。シュレジンガーなどの歴史学者、ガルブレイスなどの経済学者、それにマサチューセッツ工科大学の国際政治学の権威ロストウ、ヌーマスト大学のアール＝レイサムなどが協力した。

ケネディのブレイン–スタッフのひとり
シュレジンガー博士

ケネディの上院議員の任期は一九五八年までだった。一一月には中間選挙が行なわれることになっていた。しかし、ケネディの再選はすでに確定的であった。ただ問題は、勝つだけでは十分ではなく、二〇万票あるいは三〇万票という差で勝たなければならなくなっていたからである。それに、ケネディはもはや自分の選挙区で選挙運動をやっていればよいという政治家ではなくなっていた。全国の民主党候補者が、自分たちの選挙区に応援をしてもらいたいとかれに頼んでいたからである。中間選挙では、上院議員の三分の一と、下院議員全部が改選されるのだから、ケネディを招こうと考えている民主党の候補者も数多くに上っていた。ケネディは、マサチューセッツ州で大きな得票差をつけるための運動と、民主党全体の全国的運動の両方をやってみようと決意した。

共和党のほうからは、血の気の多いイタリア系の候補者ビンセント＝セレステが出てきた。かれの作戦は猛烈なケネディ攻撃に終始することであった。ケネディのこれに対する運動は、今までの選挙より地味であった。選挙に金を使いすぎることが反対党によって攻撃されたためであった。

投票日の前日には、ケネディはボストンを回った。一三六万二九二五票を獲得、セレステとの差は八七万票以上に達し、マサチューセッツ州のどの選挙にもなかった最大の得票差であった。

## ❖次期大統領への試金石

ケネディが次期大統領をねらう決意を固めたのは、もちろんこの一九五八年の選挙の結果であった。しかし、上院議員であるということは決して次の大統領を狙う良い地位とは考えられなかった。上院議員から直接大統領になったのは、一九二〇年の選挙で選ばれたハーディングだけであることは、アメリカ史にくわしいケネディが十分に知っていたことであった。ハーデイングはアメリカ史上最低の大統領だとされている。

上院議員は、あらゆる全国的な問題について態度をはっきりさせなければならない立場にある。憲法修正第二二条によって、大統領は二期以上つとめられないことになったので、アイゼンハウアーは自動的に引退する。したがって、一九六〇年の選挙は、誰が立候補するかに興味が持たれていたし、また、同時に多くの政治家にとって名乗りをあげる良い機会でもあった。だから、一九六〇年は共和、民主両党とも、候補者の数が多く、これらの人々に打ち勝とうとするためには、年の若いそしてカトリック教徒というハンディキャップを持ったケネディにとっては容易なことではないと考えられたのは当然である。

次期大統領候補者と考えられる人々には国民の眼が集まっている。無能だということになれば、もう致命的である。だからといって、積極的に行動しても、それはいちいち国民のテストを受けることになる。ケネディは上院議員としてまずこの試練にたえなければならなかった。

一九五九年の議会開会とともに、まずケネディが直面した問題は、労働立法であった。労働問題については、ケネディはすでに十分経験ずみであった。というのは、前年の一九五八年の上院で、ニューヨーク州選出の共和党議員アービング＝アイブスと組んで一つの労働法案を提出していたからである。この法案はハーバード大学のアーチボルド＝コックス教授の指導する労働問題専門家の報告に基づいたもので、労組執行部に対して、労働長官に財政報告と組合規約を提出すること、雇用者または第三者との間に行なわれた利害の対立を伴う財政的取引行為について報告すること、州際組合による地方組合の管理について報告することなどを決めたものであった。この法案は労組に不利なものではないとケネディは主張したが、AFL-CIO会長ジョージ＝ミーニーは反対した。一九五八年六月一七日、上院はケネディ-アイブス法案を八八対一票というほぼ全員一致で可決した。しかし、それから二か月後の下院で、この法案は葬り去られた。このようないきさつがあるために、ケネディは一九五九年にも積極的に法案を提出して、勝利を得る必要があった。ケネディは、民主党単独では法案が成立する見込みはないと考え、ふたたび共同提案の労働法案を提出することに決めた。しかし、アイブスはすでに上院から退いていたし、共和党の共同提案者をさがすことは困難であった。おまけに民主党の労働不正調査委員会の委員長マクレラン上院議員が、労働組合員の「権利章典」ともいうべき強力な条項を加えることを要求していた。ダグラスとハンフリーという進歩主義者はワシントンを留守にしていた。ケネディは孤立していたのである。

### ❖労働法案の成立に成功

しかし、ケネディは屈しなかった。「権利章典」は州の権限として留保されている分野に連邦政府の規制を許すものであると反論した。各新聞はこの労働法案こそはケネディが大統領になり得るかどうかの試金石となろうと報道した。ケネディは必死の努力を重ねて、通過させることの可能な法案をつくり上げた。院内総務リンドン＝ジョンソンがこれを支持するに及んで形勢は有利となり、ついにケネディ案は九〇対一票で上院を通過した。

戦いはまだつづいた。下院がケネディ法案よりもさらに強硬なランドラム‐グリフィン法案を可決したからである。規定により上下両院協議会がつくられ、両院を通過し得るような妥協案を打ち出すことになった。焦点はケネディに集まった。法案成立のため妥協するか、それとも上院でとった立場をかえず、穏健な組合組織の改正を選んで、労働者支持の態度をあくまで固守しようとするか、注目の的となった。ケネディは妥協を選んだ。最終的な修正案は、組合組織改正については、だいたいケネディ案であったが、その他の点については下院案に近かった。妥協案は両院を通過した。

ニューヨーク‐タイムズは社説で、「合同委員会は労働組合改正法案の成立にあたって、国民および真の民主主義的組合主義に顕著な功績があった」と述べ、また、「妥協について高度の技術を要求したものであり、これには委員長のケネディ議員に負うところが多大であった」と言っている。労働組合のリーダーの一人が、同法はタフト‐ハートレイ法以上の悪法だと非難したにもかかわらず、ケネディがＡＦＬ‐ＣＩＯ年次大会建築・建設部会での演説では、大喝《かっ》采《さい》を博した。

ケネディは、一部の組合指導者から批判を受けることはあらかじめ知っていたが、この法案は国民の大多数の利益になると確信していた。したがってこの問題は結局は、かれの名を国民の脳裏に焼きつけ、大統領選挙に有利に作用したと考えてよいであろう。しかし、考えてみれば、大統領を狙う政治家としては大きな冒険であった。だが、かれはあえてこの冒険を試みる勇気を示そうとしたのであった。それは、州知事や閣僚とちがって、上院議員には政治手腕の名声を確立するための機関がないからである。意見や立場を異にする政治家や集団を統一するという有能な大統領の手腕を発揮する必要があったが、ケネディはこれをあえてやってのけたのである。これに対するケネディの戦いは、結局、かれが子供のときから訓練されてきた活動的に前進するというファイティングｰスピリットそのものであった。

### ❖選挙運動の開始

立候補する決意はもう固まっていた。正式な発表は何もなされなかったけれども、労働法案がまだ審議されている間にケネディは四八人乗りのコンベア機を買い、全国遊説に備えた。この飛行機には、ケネディが青年時代に持っていたヨットの名をとり、「ビクチュラ」号という名が与えられた。

アメリカの有力な世論調査機関であるギャラップとローパーは、すでに民主、共和両党の指命候補者と考えられる政治家を調べたが、ケネディは民主党の中では誰よりも評判が良かった。もちろん、世論調査は完全には信用できない。投票者の気持ちはたえず変化する。一九五九年のはじめ、シカゴ＝デイリー＝ニューズが、一九五六年の民主党大会当時の代議員で六〇年の大会にもふたたび代議員として参加する予定の人について調査したところ、ケネディには四〇九票、サイミントンに二五九・五票、スティーブンソンには二四四票、ジョンソンに一九五・五票、ハンフリーに一二〇・五票という結果が出た。

秋になると、ケネディは全国遊説に馬力をかけた。議会休会中、三日間にわたってオハイオ州を遊説し、その間に昼食会で六万人に達する聴衆に接した。その後ウィスコンシン州で三日、さらにオハイオ州でも一日をつかっている。一〇月、一一月になると、インディアナ州に四日、ウェストバージニア州とニューヨーク州で週末を送り、ネブラスカ州に日帰り遊説を行ない、ルイジアナ州のライス＝フェスティバルに二日を費し、ミルウォーキーのプラスキー祭の宴会に出席し、太平洋岸で三日間を過ごし、夜行でニューヨークに赴き、アル＝スミスの晩餐会に出席するという予定を組んでいた。この直後に、イリノイ州三日間、カリフォルニア州四日間、オレゴン州四日間、ウィスコンシン州二日間、オクラホマ、デラウェア、カンザスの各州でそれぞれ一日、アイオア州二日間、ネブラスカ州二日間、コロラド州とオクラホマ州で三日間という日程が予定されていた。気の遠くなるような強行遊説日程だった。

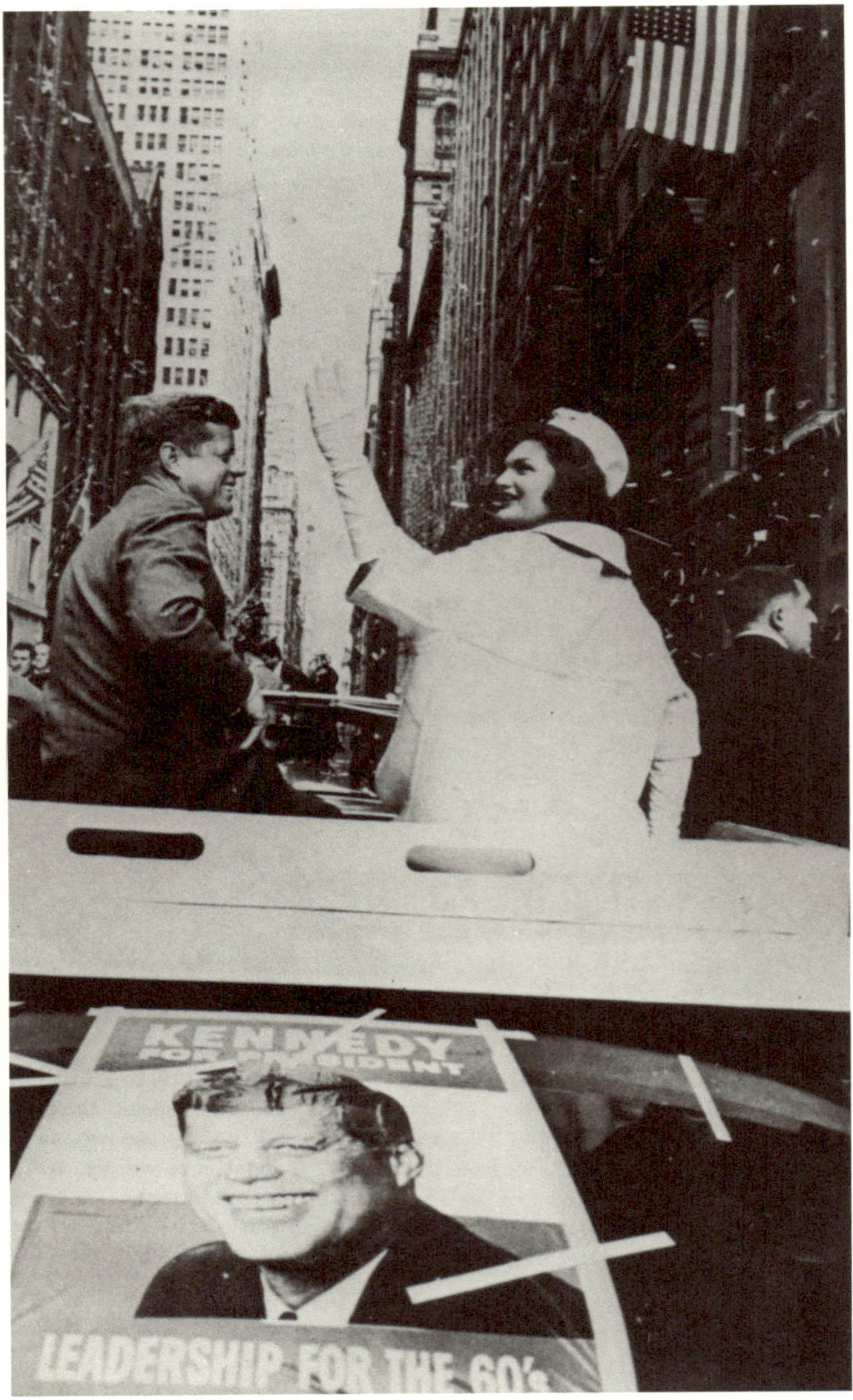

歓迎の紙吹雪が舞うニューヨーク市中をケネディは行く

ケネディの日程には一定の型があった。飛行場につくと、プラカードを持った歓迎陣に挨拶し、握手をかわす。サイレンをならして先導するパトロールカーにつづいて町に入り、ホテルに入ってその土地の新聞記者と記者会見を行ない、テレビに出る。それからその地方の大学で講演したり、団体で演説をしたりする。もちろん、数多くの質問に答える。それから郡のティーパーティに出て、地方の有力者と会う。ホテルでの晩餐会で演説し、いろいろな人と話し合う。このような強行スケジュールが毎日くりかえされたのであった。

## 栄冠への途

### ❖選挙のための組織活動

このような地方遊説のためには、ケネディの用意周到な組織力によってつくられた本部があった。一九五九年、ケネディはワシントンの議会付近のエソー・ビルに四部屋を借り、義弟スチーブン=スミスを本部長においた。それから全国を四地区に分け、各地区担当の四人の女性職員がそれぞれの地区の政治家と有権者との文通をとりあった。選挙関係の調査資料、新聞発表文、切り抜き、その他の資料が整然とファイルされた。

大統領候補に指名されるには三つの方法があるといわれている。代議員の出身区をにぎる政府有力者と党幹部に近づくこと、代議員になる可能性のある地方の党幹部と個人的に親しくなること、代議員の選出にあたるかも知れない一般党員に働きかけること、などがそれである。ケネディはこの三つを同時に重要視した。ウィスコンシン、カリフォルニア、オハイオ、ネブラスカなどの一六州では予備選挙が行なわれることになっている。この予備選挙では、党の全国大会に出席する代議員が選ばれるのだが、同時に候補者に対する一種の人気投票の役割を果たしている。予備選挙で勝っても必ずしも有利とはいえないが、ケネディのような新人にとってはこれはきわめて重要なことであった。だから、ケネディはまず予備選挙に全力を傾けることにした。

ケネディは選挙運動に際して、民主党の機関を利用しないとよくいわれる。しかし、それは事実ではない。あらゆる民主党出身の州知事、上院議員、州支部委員長などに働きかけてはいる。しかし、ケネディのやり方が従来の政治家と異なっていたこともまた事実である。マサチューセッツ州における下院議員、あるいは上院議員の選挙のやり方、すなわちケネディ機関ともいうべき新しい組織を中心に動いたことはやはり従来の職業政治家と異なった方法であるといえよう。これについて、ケネディ自身も、すでに一九五七年のライフ誌に「民主党よ首位に立て」という論文を寄稿し、次のように述べている。

世人の尊敬を集めた精力的で新しい型の職業政治家が生まれるにいたった今日、われわれ民主党が、前時代の遺物であるくたびれて色あせた党員を党内の公的地位に置いておくことはもはや許されない。私のいうのは、有志協力者の援助も社会的尊敬も得ることができずに、いろいろな会合に顔を出し、人騒がせな言動を行ない、おのれの地位を守ることに汲々《きゅうきゅう》としているような連中のことである。

ケネディのこの考え方は、かれの人生を貫いている独立、超越、自主の精神から発したものである。ケネディは党組織に乗った民主党員となることを嫌っている。したがってかれの努力は全国に及んでいるが、ニューイングランドを除けば、安定した支持票はまったくなかった。

## ❖ケネディとカトリック

上院議員として二度目の任期を迎えたケネディの存在は、もはや動かし難いものであった。上院の実力者の一人でもあり、ハーバード大学名誉学位を持ち、母校の理事でもあり、またピュリッツア賞の授賞者でもあった。経済的にも恵まれ、曽祖父の時代に貧乏と飢餓から逃れてボストンに移住して来たアイルランド人の子孫とは想像もできないほどであった。

しかし、ケネディにもホワイトハウスへの道をたどるには、一つの大きな障害が横たわっていた。アメリカ史上、まだカトリック教徒の大統領は一人もいないという事実がそれである。大統領候補者としても、一九二八年の選挙のアル＝スミスがあげられるだけである。スミスが敗れたのには他に理由もあげられるが、やはりカトリック教徒であることが大きく影響したことは否定できない。

アメリカでは、カトリック教徒は少数民族であった。一八四〇年代の終わりから五〇年代の初めにかけて、多数のアイルランド移民がアメリカにやって来たとき、一〇〇パーセント‐アメリカンを掲げてアイルランド人排斥運動が行なわれたくらいである。二〇世紀も半ばすぎると、アイルランド人よりももっと経済的にみじめで同化しにくいイタリア人などが多くなったことと、アイルランド人自身も、政治的にまた経済的に力を持つようになったこととのために、カトリック教徒に対する風当たりは、一般的にはそうたいしたものとは考えられなくなった。しかし、大統領ともなれば話は別である。その人がいかに有能な政治家でも、カトリック教徒をホワイトハウスに迎え入れようとするほど寛容とはいえなかった。

頑迷なプロテスタントは、教会と国家は分離されなければならず、アメリカ大統領がローマ法王の下におかれるなどという考え方に我慢できなかった。立法措置によって、あるいは政治的圧力によって、カトリックの規範が、教育、言論の自由、結婚、離婚、避妊などの問題にまでおしつけられるのではないかと危ぐしていた。カトリック教会の性格は、権威主義的、中央集権的、教権主義的であり、その権力は公職の地位にある人々を含めて、教会の全メンバーに及ぶものであると、かれらは主張していた。

もちろん、このような考え方は、アメリカの伝統から来るもの、すなわちアメリカは自由な混合的社会であるべきだとするものから生じている。カトリックの存在は否定するものではないけれども、法王の権限に限界がない以上、大統領にカトリック教徒を選ぶことには大きな抵抗があったのである。
これらのことは、一九二八年のスミスのときに実証ずみであり、スミスが、カトリック教会がアメリカ憲法の施行に干渉する権限があるとは考えられないと反論したにもかかわらず、偏狭なプロテスタントは強くかれに反対したのであった。

## ❖ケネディの立場

カトリック問題に対して、ケネディは、教会と国家の分離をはっきりさせ、これによって、宗教問題を片づけようとした。すでに、一九五〇年ノートルダム大学での講演で、アメリカのカトリックの信者が民主主義に忠誠をつくすべきことを説き、次のように述べている。

すべてのカトリック教徒は、民主主義の基盤となるべき人間性の尊厳について、確信をもたなくてはならない。このことを信ずれば、カトリック教徒は、国家は被支配者の同意によって権力を与えられた機関ではなくて、それに忠誠をつくさなければならない別個の組織体であるという政治理論に執着することはできない。

一九五六年の民主党全国大会で、ある新聞記者はケネディに対して「あなたの教会の命令と国家の要請とが矛盾するような場合、あなたの忠誠心はどちらに傾きますか」と質問した。これに対して、ケネディは「このような矛盾が起こり得る問題があるとは考えられない。だが万一そのようなことが起こったとしても、私の教会内で、私に命令を下すものは誰もいない。私は議会に出てから一〇年になるが、教会から命令されたことは、いまだかつてない。カトリック教徒は、上部の機関から命令を受けるのだろうと懸念される人がいるが、そういうことはない」と答えた。

一九五八年の末、「ルック」誌の記者がケネディにインタビューしているが、このときケネディは次のように答えている。

個人生活における宗教とは無関係に、公職にあるものが第一に心がけなければならないのは、憲法と法律を擁護するという誓いを貫くことである。これには憲法修正第一条と、教会と国家の厳密な分離が含まれる。……私は、教会や教会学校を維持するために連邦政府の補助を行なうことには、反対の立場をとる。スクールバス、給食などのサービスは、もともと社会的、経済的問題であって宗教的問題ではない。

このインタビューは大きな反響をよんだ。面白いことにはカトリック系新聞がケネディのこの意見に反対し、抗議したことであった。ともかく、宗教問題は早くから論議され、ケネディは一通り問題に対して答えてしまった形となった。

一九五九年四月には、五一名から成るメソジスト監督会議がワシントンで開かれ、ケネディはこれに招待された。ケネディは「私は信仰深いカトリック教徒です。また私の一家も信仰心

あつい カトリック教徒です。しかし、遺憾に思うのは、カトリック教会が教会と国家とを結びつけようとしていると考える人たちがいることです」と答えた。会議のあとで、メソジストの監督たちはケネディを褒めたたえた。

## ❖宗教問題の利害得失

一九二八年のアル=スミスの敗北について、ケネディはカトリック教徒であることのほかに他にマイナスがあったと考えていた。スミス自身の性格のほかにこの年は民主党からは誰が出ても勝ち目はなかったと断定した。したがって、アル=スミスの教訓は一九六〇年の大統領選挙戦にはなんの役にも立たないと結論した。ケネディはスミスのように偏狭ではなく、かつ、教養の点でもスミスとは比較できないくらい優れているとした。

また、一九六〇年のアメリカそれ自身、一九二〇年代とは大きく変化していると、ケネディの支持者たちは主張した。すでに、カリフォルニア、オハイオ、ペンシルベニア、ミネソタのようにカトリック教徒の少ない州でカトリック教徒の州知事とか上院議員が選ばれている。これは宗教があまり問題でなくなってきたことを意味するものと、かれらは解釈した。

一九五六年に、ギャラップ世論調査は、「あなたの党が今年かなり立派な条件をそろえている人物を大統領候補に指名し、その被指名者がたまたまカトリック教徒であるとすれば、あなたはかれに投票しますか」という質問を出した。この結果、投票する七二パーセント、投票しない二二パーセント、知らない五パーセント、回答なし一パーセント。これだけ見れば、その宗教のために自分の党の投票の四分の一を失うことになるわけだ。

これに対して、ケネディの選挙本部は強く否定した。カトリックであるならば投票しないという人はだいたい南部の人である。しかし、ケネディは南部では人気があるから、少しぐらいの票を失っても平気だとする。共和党員はいずれにせよケネディには投票しない。要するに、プロテスタントの投票とともにカトリック教徒の投票が加わる。その票は北部の選挙人の多い州に集まっているのである。

ケネディ陣営によると、一九六〇年の選挙の鍵を握るものは都市の票であり、ニューヨーク、フィラデルフィア、ロサンゼルスなどではカトリック教徒の票が民主党の勝利に大きな影響を持つと計算していた。

ケネディの年齢が若い、ということも多少問題にされた。かれが勝てば、選挙された大統領としてはアメリカ史始まって以来の最年少の大統領となるわけであった。副大統領から昇任した大統領としては一九〇一年、四一歳のセオドア゠ローズヴェルトがいたが、ケネディも四三歳であった。しかし、共和党の有力候補であるリチャード゠ニクソンも四七歳であるし政界に出たのも同じ年なのでさして大きな問題ではなかった。

## ❖大統領候補に指名

弟のロバートも、自分のすべての時間を兄の応援につかった。父ジョセフもニューヨークの代議員団の票がケネディに回るよう背後から援助した。ケネディの妹たちも一生懸命だった。ケネディの兄ジョセフ二世は不幸にして第二次世界大戦で戦死したが、かれが果たせなかった大統領への夢を、ケネディ一家はジョン=ケネディに託したのであった。

やがて全国的に名を知られている大物政治家たちがケネディ応援に加わった。コネチカット州のチェスター=ボールズ、エイブラハム=リビコフ、オハイオ州のマイク=デ=サム知事などは献身的にケネディを応援しはじめた。

ケネディは重要な州の予備選挙には必ず出馬した。ウィスコンシン州、ウェストバージニア州でケネディはハンフリーを敗った。その他の民主党の指名を争う人たちの中では、スチュアート=サイミントン、アドレー=スティーブンソン、それにリンドン=ジョンソンが有力であった。その中でもジョンソンがもっとも強力であった。

七月、ロサンゼルスで開かれた全国大会では、ケネディは第一回の投票で、一九六〇年の大統領選挙における民主党の大統領候補に指名された。ケネディは、ジョンソンを副大統領候補に指名するよう要請した。ジョンソンはテキサス州の出身であり、上院のベテラン議員であり、

“ケネディを大統領に、ジョンソンを副大統領に……”
ケネディはコネチカットの人びとに呼びかける

ケネディの選挙には大いに役に立つ人物であった。大会の最終日、ケネディは指名受諾演説を行なった。この演説はテレビで全国に放送された。

この演説では、かれは、まず信念と熱意で公約の実現に献身することを誓ったのち、アメリカが現在直面している国際情勢から〝危機〟にあるとし、初めてニューフロンティア政策を提唱した。この政策は希望に満ちたものであるが、その達成には困難がともなうことを指摘し、「みなさんの一人一人に、ニューフロンティアの開拓者となることをお願いしたい」と訴えた。

当時のアメリカは、ケネディが指摘したとおり、たしかに〝危機〟に直面していた。冷たい戦争は、その年の五月アメリカのU２型機がソ連領内で撃墜された事件を契機に悪化していた。

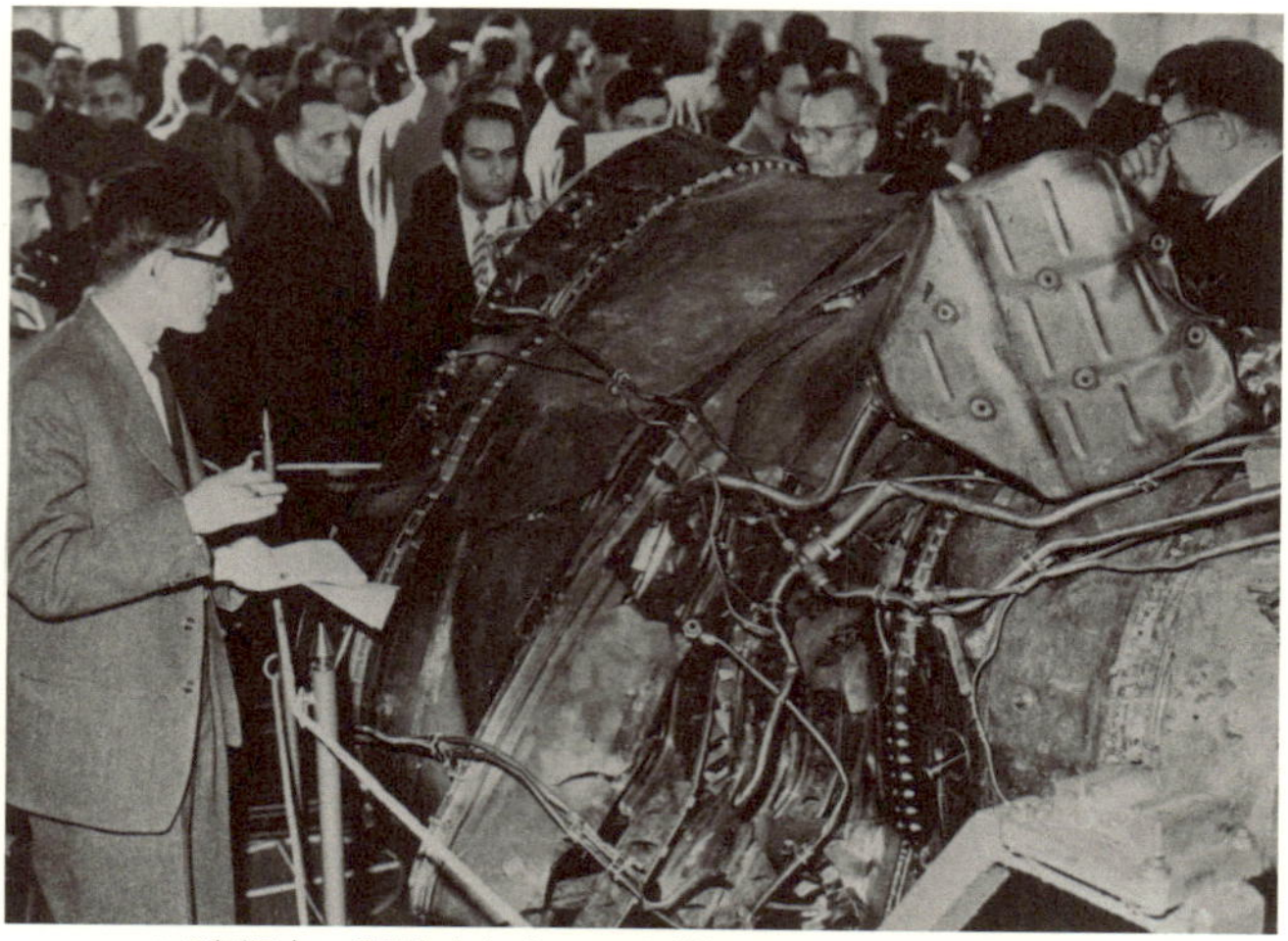

ソ連領内で撃墜されたＵ２型機の残がい（共同提供）

その直後パリで開かれる予定の巨頭会談も流れてしまった。フロリダ半島のすぐ先にあるキューバでは、カストロ革命の共産化が進んでおり、アメリカの世界的な威信は失われつつあった。一方、国内では経済逆調に見舞われ、失業者の数は増加しつつあった。ミサイル競争では、はっきりとソ連におくれをとっていた。ケネディは、新しいニューフロンティア政策によって、この〝危機〟を打開しようと国民に訴えたのである。

民主党の全国大会が終わった二週間後、シカゴにおいて共和党全国大会が開かれた。共和党は現職の大統領アイゼンハウアーが、憲法修正第二二条の規定によって三選されることを禁止されているため、副大統領のニクソンを大統領候補に、そしてケネディのマサチューセッツ州における宿敵ロッジを副大統領候補にそれぞれ指名した。

いよいよ、はげしい選挙戦が開始されたのである。

## ❖ケネディの勝利

決戦の時は迫ってきた。予想どおり年齢が若いこととカトリック教徒であることが、共和党のケネディ攻撃の的となった。ケネディは年齢よりも政策であると正面から反駁し、カトリックの問題についても堂々と対抗した。テキサスの牧師教会の会合に、ケネディは積極的に出席し、「教会と国家が完全に分離しているアメリカでは、大統領がカトリック教徒であっても、カトリックの高位聖職者が大統領に指図することはあり得ない」と説明し、宗教問題は、完全とはいかないにしても、多くの疑問を解消することに成功した。

選挙戦が本格的になったころ、ケネディとニクソンは、四回にわたってテレビ立会討論を行なった。これはもちろん全米に放送された。この試みは大統領選挙戦では初めてのことであり、それだけに注目をあつめた。シカゴで行なわれた第一回の討論は、決定的にケネディの勝利だった。ケネディの論理的な洗練された発言は聴衆に強い感銘を与えたし、若くて未熟だというような印象はまったくなかった。むしろ、ケネディは若く元気で、勇敢であり、しかも冷静で知的であるという評判をかち得たのであった。

選挙戦の最中に、南部のアトランタで、人種差別反対運動の指導者マーティン゠ルーサー゠キングが、ちょっとした交通違反で投獄されるという事件が起こった。公民権運動支持を民主党

ハワード=スミス（中央）の司会で、ケネディ（左端）とニクソン（右端）ははじめてテレビカメラの前で闘った（1960年９月26日）

の大統領候補としては初めて表明していたケネディは、この事件をうまく選挙に利用した。かれはキングに同情の意を表し、自らキング夫人を訪問して慰め、弟のロバートは、アトランタの判事を訪問して善処するよう要望した。かれは、たとえ、南部の白人の票を失って、民主党にとって絶対安全な南部の州の中のいくつかを失っても、正しいと考えられる黒人差別に反対したのであった。

選挙運動の成果は着々上がっていた。新聞もケネディ支持がふえた。共和党びいきのニューヨーク＝タイムズも、ついに社説でケネディ支持を行なった。著名な評論家のウォルター＝リップマンも、ケネディが悪宣伝やスローガンによる運動でなく、正々堂々政策で戦っていることを誉め、かれは生まれながらの指導者であると評した。

投票日の一一月八日、ケネディと妻のジャクリーンはボストンで投票し、ハイアニスポートの別荘に行き、投票の結果を待った。開票の結果は刻々、ケネディのもとへ伝えられた。大接戦であった。結果は、選挙人投票では、三〇三票対二一九票であったが、一般得票はそんなに大きな差はなかった。六九〇〇万票のうち、差はわずか一二万票にとどまった。二〇世紀に入ってからの大統領選挙では、この選挙ぐらい大接戦となったものはなかった。カトリック教徒は初めて大統領となった。また、四三歳で大統領になったのはアメリカ史上ケネディが最初であった。

# 若き日々のケネディ

## ❖ケネディの祖先

ここで、ケネディの性格とその家庭についてふれておこう。

ジョン=フィッツジェラルド=ケネディは、一九一七年五月二九日ボストンで生まれた。父のジョセフ=パトリックは、のちには大金持ちになり、ローズヴェルト大統領によってイギリス駐在大使にも任命された人であったが、このころは小さな銀行の頭取で、まだ中産階級に属していた。もともとは、貧しいアイルランドの農民の出身であり、ケネディの曽祖父の時代に、アイルランドの飢餓を逃れてアメリカに移住して来た一家であった。曽祖父はボストンの港のそばで桶屋をやり、ともかく成功した。移住してきたアイルランド人は宗教がカトリックであり、しかも貧しいので、西部へ行って農民になることができず、だいたいボストンで労働者となった。かれらがアメリカ人の社会に入り込むには、やはり経済的に成功し、その上でアイル

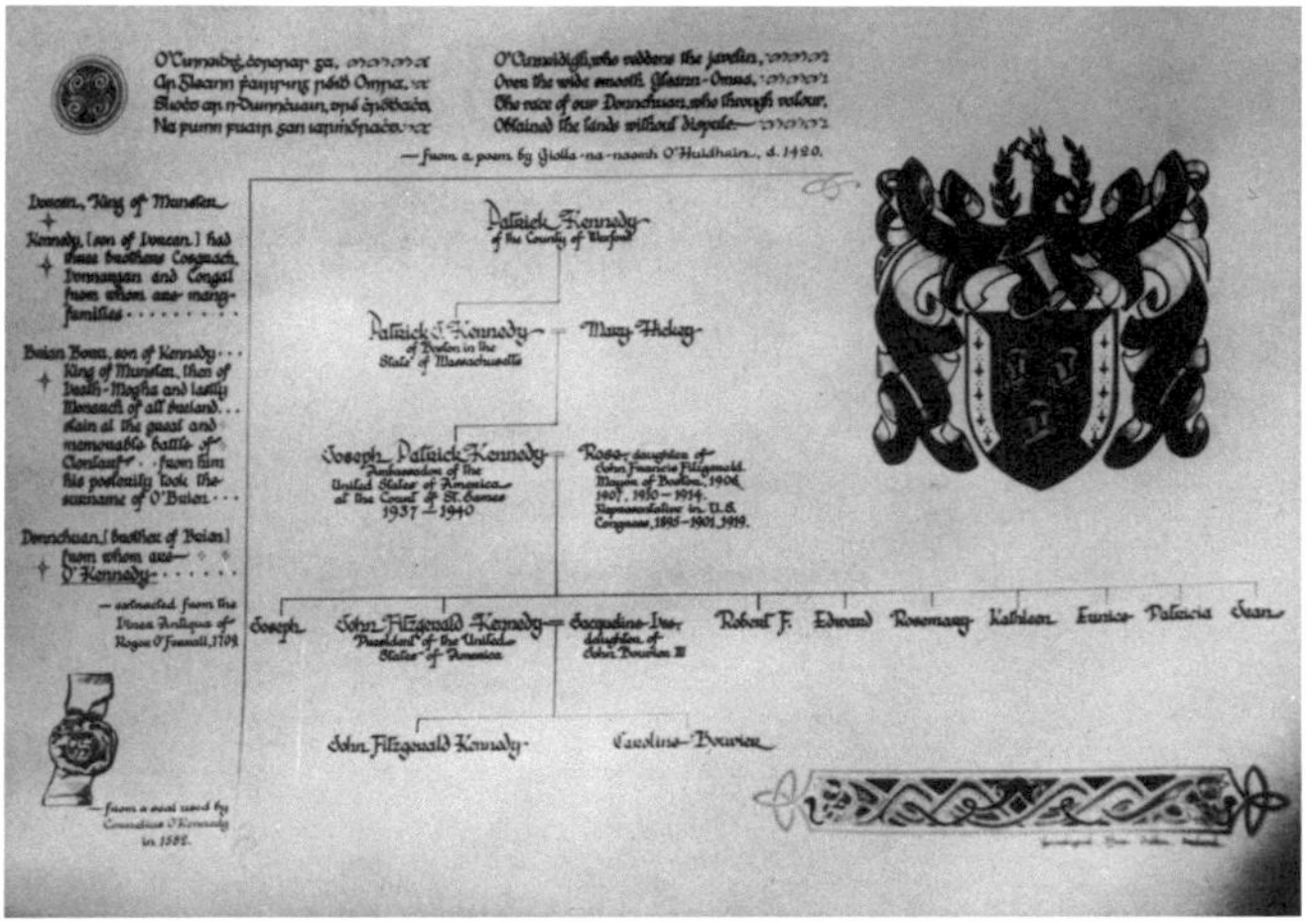


羊皮紙に書かれたケネディ家の家系図

ランド人たちの投票をかき集めて、政治の分野で勢力を得ることであった。ケネディの祖父パトリックは努力の末その二つともやった。かれは酒場を開いて成功し、やがてマサチューセッツ州の下院議員になり、その次には上院議員となり、ボストン市の民主党の幹部となった。

民主党の市政を支配するグループの中に、若い政治家でジョン=F=フィッツジェラルドという男がいた。パトリックはこの男と知り合いになり、ついに親友となった。このフィッツジェラルドの娘がパトリックの息子ジョセフとその後結婚したが、この二人がすなわちケネディの両親となるわけである。

ジョセフは小さいときから金もうけがうまかった。九歳のときに遊覧船の中でピーナッツやキャンデーを売ってもうけた。ハーバード大学の学生時代、アルバイトに観光バスを経営して数千ドルを稼いだ。そして大学を卒業すると銀行員になり、二五歳のとき小さいながらも銀行の頭取になった。第一次世界大戦が始まると、かれはベスレヘム鉄鋼会社の造船所の副支配人になった。その後金融業者と親しくなり、投資金融会社のヘイドン＝ストーン会社の主任になり、投機をおぼえた。結局相当の金をもうけ、これを資本にして、ニューイングランド全域にひろがる三一の映画館のチェーンの支配権を握った。

一九二〇年代のアメリカでは、映画は一つの新興産業であった。ジョセフは、ニューヨークとハリウッドに進出し、その他不動産でも大きな利益を得た。かくして金持ちになったかれは、政治に関心を持ち、一九三二年民主党のフランクリン＝ローズヴェルトが大統領に立候補し、ニューディールを唱えて選挙戦に臨んだとき、ジョセフはかれを支持し、選挙運動資金として一万五〇〇〇ドルを寄付し、五万ドルを貸した。大統領となったローズヴェルトは、ジョセフを証券取引委員会の委員長に任命して、これに報いた。

## ❖学生時代のケネディ

一九三七年の末、ジョセフはイギリス大使に任命された。移民の孫がこのような早さでついに上流社会の一員となったことは、機会平等と自由のアメリカでも珍しいことである。

ケネディの幼年時代は父の仕事が伸びていた時代であった。かれは兄とよく遊んだ。兄は強く立派な体格の持主であったが、ケネディは小さくやせていた。二人はよくボクシングをやった。いつも負けたが、打たれても平気だった。また、戸外でタッチ＝フットボールをやった。ある伝記作家によると、このゲームは「ほとんど兄弟同志の殺し合いのようなものだ」といわれる。父のジョセフが子供たちにお互いに競争することを奨励したからである。家をはなれてコネチカット州のカンタベリー学校に学んだときも、ケネディは学業よりもスポーツに熱中した。次いでチョート学校に通ったがここでも同じことだった。ただケネディは時事問題に大きな関心を持つようになっていた。

ケネディは一八歳のときプリンストン大学に入った。その前の夏、父はかれをロンドンに送り、ロンドン大学で世界的に有名なハロルド＝ラスキー教授の下で勉強させた。しかし不幸にもかれは病気になり、学校へ行くことはできず、プリンストン大学も休学しなければならなくなった。そして今度はハーバード大学に行くことになった。ハーバードでも、ケネディは勉強よりもスポーツに夢中になっていたが、技量はそれほどでもなく、第一級の選手にはなれなかった。しかし、攻撃精神は猛烈であった。勉強のほうも呑気《のんき》でガリ勉は一切しないという学生だった。文化関係では学生新聞の編集に従事し、また演劇部でも活躍した。

一九三七年の夏、ケネディは一人の友人とフランス、スペイン、イタリアの旅行に出かけた。この旅行は、かれに国際関係や政治学に対する興味を起こさせたという意味で、きわめて有意義であったようである。四年生のとき「ミュンヘンにおける宥和《ゆうわ》」というテーマで論文を書いた。これはイギリスおよびヨーロッパのすべてを戦争に追いやるきっかけとなったイギリスの重要な外交政策の失敗についての研究であった。かれは、ミュンヘン条約そのものは、非難の対象にされるべきものではなく、むしろ非難されるべきものは、屈服を余儀なくさせたイギリスの世論や、イギリスの軍備のようなその背後にひそむ要素であると結論した。

この論文によって、ケネディは政治学科を優等の成績で卒業した。あとで出版されてベストセラーズになった『イギリスはなぜ眠っていたか』は、この論文を加筆訂正したものであった。

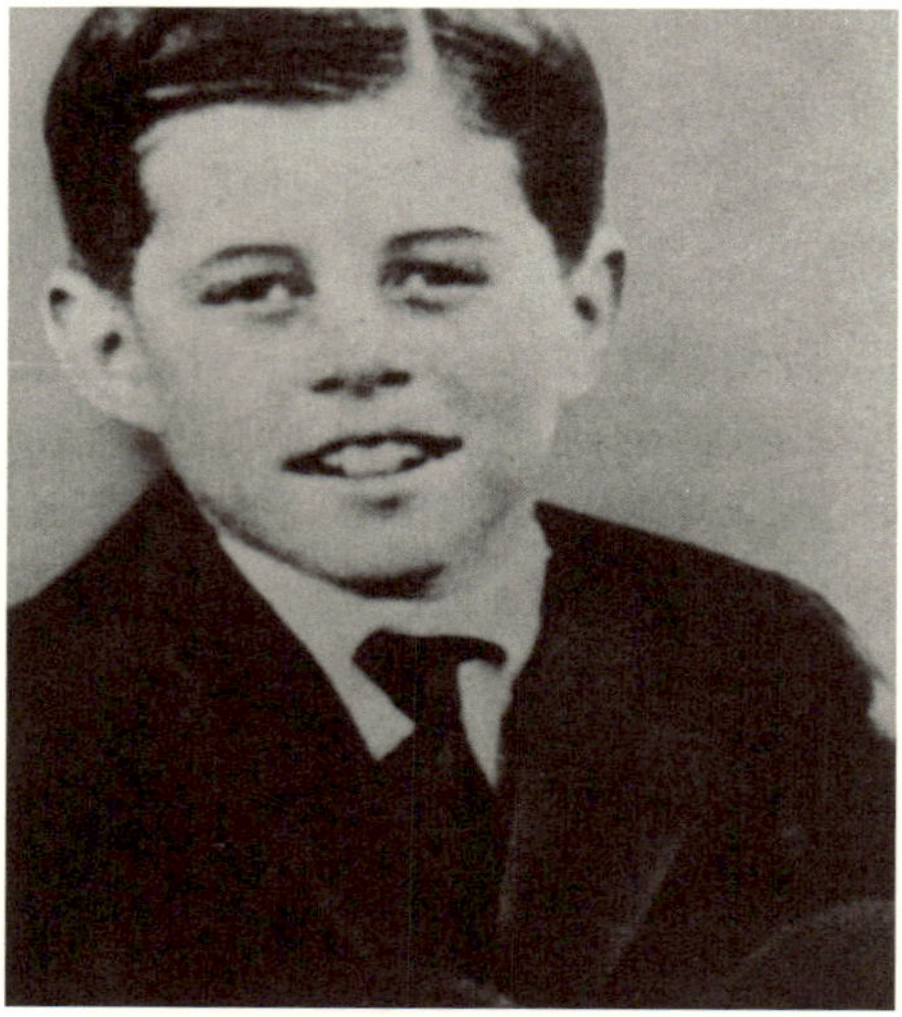

八歳のケネディ少年

## ❖政界に入る

第二次世界大戦が始まると、ケネディは海軍に入った。一九四二年の秋、魚雷艇隊に配属され、その翌年南太平洋に出撃した。かれの指揮するPTボート一〇九号は、一九四三年八月二日午前二時、日本の駆逐艦「天霧《あまぎり》」に撃沈され、かれ自身も負傷したが、部下をはげましながらついに生還し、勇名をはせた。背骨をいためて数か月の病院生活を送ったのち、退役した。やがてケネディは新聞記者になり、ハースト系のインターナショナル＝サービス社の記者としてサンフランシスコの国連結成の会議を取材したり、イギリスの総選挙を報道したりした。しかし、記者の仕事は受動的で、もっとニュースをつくるような活動的な分野に進みたいと思い辞職した。

かれが政治家になろうかどうか、迷っているとき、マサチューセッツ州第一一選挙区から下院議員に出ていたジム＝カーレーが、一九四五年の春、ボストン市長に立候補することになり、欠員ができた。この選挙区はアイルランド系の強い民主党の地盤であった。一九四六年の予備選挙は六月に行なわれた。ケネディは他の候補者よりも数か月早く選挙運動を始め、大きな個人的組織をつくり始めた。ケネディの競争相手にはいろいろな人がおり、強敵ぞろいであった。ケネディは猛烈なファイトを燃やし、毎日選挙区を歩きまわり、理髪店、酒場、雑貨店、工場、波止場など、どこでも誰かまわず握手をしてまわった。かれは個人攻撃は一切せず、選挙区に密接な問題をとりあげ、住宅、物価、医療保護、復員軍人年金、社会保障などについて、ニューディール的な立場で演説した。また、パーティを開き、この数では、他の候補者を圧倒した。予備選挙の結果は、ケネディは四二パーセントの得票を得て当選した。

共和党との対立候補との本選挙では楽勝であった。二年後の一九四八年の選挙では対立候補

南太平洋の某基地に停泊中のＰＴボート109号とその乗組員
（右端／ケネディ中尉）

は出てこなかった。一九五〇年の選挙では、五人の競争相手を向こうにまわして、かれらの全得票の五倍の票をとって楽勝し、共和党の候補者を五対一でやぶった。かくして、ケネディは政治家として着々地歩を固めていった。

一九四七年一月、ケネディがワシントンの下院の議席についたとき、かれはまだ二九歳であった。その風貌があまりにも若々しかったので、初めは議会を見学に来た大学生とまちがわれるくらいだった。しかし、ケネディは選挙の公約の実行のために奮闘した。かれが初めて議席を得た第八〇議会は、このような進歩的な政策を推進し得るような雰囲気ではなかった。共和党と南部民主党の保守勢力が強かった。

## ❖勇気ある下院議員

戦後の住宅不足ははなはだしかった。政府の資金で家賃の安い住宅をつくろうという住宅法案も、不動産業者の圧力におされてつぶされてしまった。ケネディはこの法案を熱心に支持し、復員軍人に呼びかけてその成立に努力した。一九四八年の議会でふたたびこの法案がとりあげられると、ケネディは復員軍人住宅問題大会で演説し、代表者に議会に圧力を加えるよう要求したが、今度も保守派によって通過を阻止されてしまった。

一年後、ケネディは自ら、州政府が行なう貧民窟の一掃および低家賃公共住宅計画に、連邦政府が資金を提供しうるようにする新しい住宅法案を提出した。これに対して米国在郷軍人会連盟が反対した。ケネディは自らもその一員であるにもかかわらず、敢然としてこれと戦い、「米国在郷軍人会連盟の指導部は、一九一八年以来国家の利益のために建設的な考えを持ったことはない」と非難した。強力な連盟に対してこのような批判的な言葉をはいた議員は今まで一人もいなかった。しかし選挙民からの反響は好意的だった。この法案は通過した。政治的な勇気は、不利よりも利益をもたらすものであることを、ケネディは行動をもって証明した。

議会でのもっとも大きな問題は労働問題だった。一九三五年ニューディールの一つの立法であったワグナー法は、アメリカの労働者の利益を守るという点で画期的な法律だった。アメリカの労働者は、史上初めて団結権を認められ、団体交渉権を与えられた。労働者の力は強くなった。しかし、このことは、保守派は経営者に不利で、労働者のほうに有利であると考えていた。一九四六年、共和党が議会の多数を占めると、共和党の指導者ロバート＝タフトは、ワグナー法改正のために乗り出した。ケネディは労働問題に素人《しろうと》であり、選挙の公約でもなかったので初めは沈黙していたが、法案が討議に付されると、かれは猛烈に反対し、自分自身も報告書を提出した。労働者を抑圧するような政策は、かえって反動的に左翼を強くするとケネディは考えた。しかし、この報告書は無視され、タフトーハートレイ法と叫ばれるこの法案は、一九四七年四月、下院で審議され、圧倒的多数で可決された。

上院を通過した後、この法案は、トルーマン大統領の下に送られたが、大統領はこれに署名を拒否した。大統領が拒否した法案でも、上下両院がそれぞれ三分の二以上の多数で再可決すれば、大統領の署名なしに、法律となる。タフトーハートレイ法は上下両院で再可決された。ケネディは、大統領の拒否を支持した八三名の中の一人であった。

他の労働、あるいは社会福祉法案では、ケネディは、進歩的な線にしたがって行動した。学校給食支出金の減額に反対し、社会保障の拡張、最低賃金の引き上げを支持した。トルーマンのフェアディール政策は、かれの主張と一致したからであった。

## ❖上院議員になる

ケネディは民主党員であったが、必ずしも党の政策に従わなかった。いわゆる党人ではなく、演説も、民主党のためというよりは、具体的にそれぞれの問題を選んで行なった。かれは選挙区のために発言し、また活動した。

かれは、もっと外交問題で働きたいと思っていた。それには外交について強い権限を持つ上院議員になりたいと思った。上院議員は州全体から選ばれるので、州全体に名を知られることが必要だった。上院議員の任期は六年で、三年ごとにその全体の三分の一が改選されるので、マサチューセッツ州では、一九五二年まで選挙はなかった。しかし、かれは、早くも一九四九年から選挙運動を開始した。下院議員に出るときと同じ方法をとったのである。

そのため週末には必ずボストンにもどって来て、工場、学校、教会、婦人クラブ、復員軍人の会などに顔を出した。一九五二年一月までに、ケネディはマサチューセッツ州の三五一の市と町のすべてで演説をしていた。

一九五二年の一一月に改選されるマサチューセッツの上院議員はヘンリー=キャボット=ロッジであった。共和党の大物であるかれがふたたび立候補することは明らかであった。

この強敵に対し、ケネディの戦術は変わっていた。労働者、主婦、実業家、知識職業人、あらゆる階層、あらゆる職業の人に呼びかけた。政党にはあまりこだわらず、主として無所属の人たちに働きかけた。かれを応援する動きは、ケネディ一家総出という形で行なわれた。戸別訪問が許されているので、家家のベルを鳴らしてあるく人々が必要だったが、これには精力的なケネディの妹たちが当たった。弟のロバートは選挙事務長になった。家族はまた多額の運動資金を出した。

ケネディー家の顔ぶれ／後列左からエセル、スティーブ=スミス、ジーン、ケネディ、ロバート、パトリシア、シュライバー、ジョウン、ピーター=ロウフォッド
前列左からユーニス、母、父、ジャクリーン、エドワード

ロッジとケネディの努力はまったく伯仲《はくちゅう》していた。このときケネディは新しい戦術を使った。何週間にもわたって、何万というマサチューセッツ州の婦人たちは、州のいたるところで催されたレセプションに招待された。この催しでは、母のローズが主役をつとめた。この戦術は大成功であった。内輪に見つもっても、約五万の婦人がケネディと握手し、家へ帰ってその話をした。「ケネディ家の人々とお茶を」という家庭テレビ番組が放送され、母と子供たちが幸福そうにしゃべっている場面が、人々の家庭のテレビ受像機に映った。

結局、ケネディは一、二一一、九八四票対一、一四一、二四七票、七万票の差で勝った。アイゼンハウアーも、共和党知事候補クリスチャン＝ハーターも、この州で勝利を収めたのに、民主党のケネディだけはみごと勝ったのである。

一九五三年一月、ケネディは、今度は上院議員としてワシントンに現れた。三五歳であった。かれはまず、自分の事務所をマサチューセッツの人々のためのサービス機関にし、多くの秘書を雇って能率的に仕事をした。そして、上院でも、マサチューセッツ州の要求のために働いた。たとえば、水産資源ならびに市場開発ケネディ法案、原料羊毛の過度の投機を防止するケネディ法案、民間造船所の予備商船近代化のためのケネディ＝バトラー法案など、かれ、あるいは他の議員との共同提案による法案は相当な数に上った。

デートを楽しむヨットのふたり

## ❖『勇気ある人々』

ケネディはよく勉強した。そして、いろいろな問題を調べたり、演説の下書きをしてもらったりするために、若い法律家セオドア＝ソレンセンを雇った。また、ハーバード大学の経済学教授セクモア＝ハリスにいろいろな知恵をかりた。

三六歳でケネディは独身だった。かれは、下院議員であったときから知り合っていたジャクリーン＝ブーヴィ《(エ)》アと親しくなった。ジャクリーンは、このときワシントン‐タイムズ‐ヘラルド紙のカメラマンであった。多くの人々とインタービューし、いろいろな問題についての意見を求め、写真をとるのが、かの女の仕事であった。二年間のデートの後、ケネディは求婚し、ジャクリーンはこれに応じた。一九五三年九月一二日、かれらは結婚し、バージニア州に住んだ。

一九五四年、ケネディはもっとも幸福であるべき年に、健康を害するという不幸な目にあった。背中の痛みがますますひどくなったからである。そして一〇月には入院して手術を受けなければならなかった。手術は困難であったが、ともかく成功であった。しかし、退院後も苦痛にみちた数か月の病床生活を送らなければならなかった。一九五五年の二月、療養をつづけるためフロリダに向かった。

ケネディは、療養中何もしないで寝ている気分になれなかった。戦争中の経験、政治活動の経験、そして苦しい手術を受けた体験から、かれは勇気とは何か、という問題を考えた。そして興味ある問題としてかれの頭にうかんだのは、アメリカ史上で著名な上院議員が、いかなる場合に、どのような勇気を発揮したか、ということであった。

ケネディは史料を集め、多くの専門家に意見を求め、ゆっくりと口述筆記させた。

この新しい著書にかれは『勇気ある人々』という題をつけた。八人のアメリカの上院議員をとりあげ、かれらがどのようにして良心と責任を貫くために勇気を発揮したかを、ケネディは書いた。書き終わったあとで、ケネディは、「私は記録をくわしく研究した結果、各章で述べた事件においてかれらの行動の根本的動機となったものは、個人的もしくは政治的利得ではなしに、国家的利益であったと信じている」と述べた。『勇気ある人々』は、ベストセラーのリストの第一位にあげられ、全国の新聞や雑誌の書評欄でとりあげられた。ケネディ自身も、狭い意味の政治家の観念からさらに成長した。より大きなもの、全国民の福祉のためには、州や選挙区の狭い考え方にとらわれず、自らもこれに抵抗しなければならぬと考えるようになったのである。

『勇気ある人々』は、一年あとで、ピュリッツア伝記賞が与えられ、さらに評判になった。

# II

# ニューフロンティアへの道

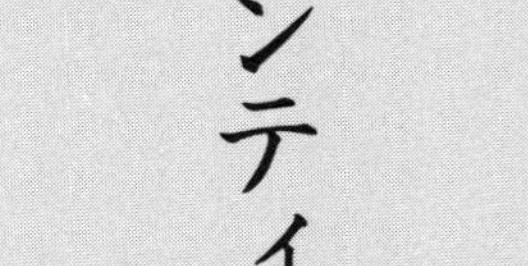

# 世界の指導者として

### ❖ケネディ、組閣にかかる

選挙は一一月でも、大統領に就任するのは翌年の一月二〇日であった。それまで七二日の期間があった。この間に大統領当選者であるケネディは、閣僚やホワイトハウスのスタッフ、約七五の高級官吏、約六〇〇の官吏を選ばなければならなかった。共和党から民主党へと政権が交代するので、国内に混乱を起こさずに政権を引きつぐという重要な仕事をしなければならなかった。もっと重要なことは、大統領としての具体的な諸政策をはっきり樹立することであった。

ケネディが当選したころ、冷たい戦争は激化し、対ソ関係は悪化していた。南ベトナムはベトコンのゲリラに脅かされ、キューバは共産主義を他のラテンアメリカに伸ばそうとし、中共は核爆発を行なっていた。アメリカはソ連に対して、ミサイルや宇宙競争でおくれをとり、対外威信は失われつつあった。

一方、国内では、景気逆調は頂点に達し、失業者の数は過去二〇年間の最高となっていた。金保有量は減少し、国際収支は悪化し、黒人問題は不安をもたらし、生活不安の老人の数はふえていた。ケネディがなすべき仕事は多かった。

オドンネル、サリンジャー、ソレンセンの三人が補佐官に任命され、弟のロバートがケネディを助けた。

政権交代は意外に円滑に進んだ。アイゼンハウアー大統領がよく協力してくれたからである。アイゼンハウアーは当選の祝電を送り、そのあとで、いつでも都合の良いときに会いたいとい

ケネディの補佐官たち／上からオドンネル、サリンジャー、ソレンセン

うメッセージを出し、かれの補佐官ウィルトン＝パーソンスをケネディとの連絡係に任命した。パーソンスは、ケネディの顧問クラーク＝クリフォードと連絡をとることになり、新しく任命された閣僚たちも、アイゼンハウアーの閣僚たちと会って事務の引きつぎを受けることになった。ケネディ自身も、一二月六日と一月一九日にホワイトハウスを訪ねている。

この間、ケネディは閣僚の人選に入った。まずルーサー＝ホッジスが商務長官に、アリゾナ州選出議員のスチュアート＝ユーダルが内政長官に任命された。一二月半ばになると、フォード自動車の社長ロバート＝マクナマラが国防長官に、そして弟のロバートが司法長官になった。国務長官には、ロック＝フェラー財団の会長ディーン＝ラスクが決まった。共和党のダグラス＝ディロンが財務長官を引き受けた。前コネチカット州知事リビコフが、保健・教育・厚生長官になった。人選は、政党を問わず、能力本位であった。

一二月二一日の会議では、ケネディの政策はだいたいでき上がっていた。景気逆調からの回復策、経済成長、予算、健康保険、住宅、道路、資源保存、農業、対外援助、ラテンアメリカ政策、国防など、大統領に就任して直ちに行なうべき政策は完成し、議会に送る教書も起草されていた。

## ❖たいまつは新しい世代へ

ケネディの就任演説はその格調の高さで、人々を感激させた。かれは、一一月から起草にとりかかったが、その際多くの人々にいろいろな示唆《しさ》を求めた。初めから反対党や前任者の批判や、共産主義やソ連への非難はしないというのが根本方針であった。ケネディは、ソレンセンに対して、今までの大統領就任演説全部を読むように命じ、また、リンカンのゲティスバーグの演説がどうして名文として有名なのかを調べさせた。ビリー＝グラハム師からは聖書からの引用句のリストがとどけられた。

一月二〇日、ケネディは八時には起き、ホーリー＝トリニティ教会のミサに出席した。そのあとホワイトハウスでアイゼンハウアー夫妻とコーヒーをともにし、同じ車で議事堂へ向かった。スパークマン上院議員が立ち上がって、就任式の開会を宣言した。寒かったが、空気は新鮮で、若い大統領を迎えるのにふさわしい雰囲気であった。一二時五一分、ケネディはオーバーなしで立ち上がり、就任演説を始めた。

「われわれは、今日、党の勝利を祝っているのではなく、自由の祭典を——初めとともに終わりを象徴し、変革とともに更新を意味する——自由の祭典を祝っている」とケネディは始めた。

われわれは今日、かの最初の革命の継承者であることをゆめ忘れるものではない。今このとき、この場所から、友に対しても反対者に対しても、一様に次の言葉を伝えようではないか。いまやたいまつは新しい世代のアメリカ国民に引きつがれた。その世代こそは、この世紀に生まれ、戦争によってきたえられ、非常にきびしい平和によって訓練され、われわれの祖先の遺産を誇りとした新しい世代である。

長い世界の歴史のうちで、世界の最大の危機のときに自由を守るという役目を与えられた世代は少なかった。私はこの重責にひるみはしない。私は、それを歓迎する。

そして、ケネディは結論に入った。

そこで同胞アメリカ人諸君、アメリカが諸君のために何をなしうるかを問いたもうな――諸君が国のために何をなし得るかを問いたまえ。

この有名な一節はすべてのアメリカ人の心だけでなく、世界の人々に大きな感銘を与えたのであった。

就任演説は一四分内で終わった。世界の反響はすばらしいものだった。中共を除いて、敵も味方もこの演説に拍手を送った。

大統領となったケネディは、延々とつづく祝賀パレードにいちいち手をふってこたえ、ホワイトハウスに入った。

## ❖ホワイトハウスの執務室

就任式の翌日、八時五〇分には、ケネディはもう執務室に入っていた。トルーマン元大統領、シカゴ市長リチャード=デーリーと会ったあと、ケネディは行政命令第一号に署名した。これは四〇〇〇万に達する貧窮者に対する余剰食糧の種類を増加し、またその量を二倍にするものであった。

つづいてホワイトハウスの勤務者の宣誓式が行なわれたあと、ラオス情勢に関する討議が行なわれた。フルシチョフは、新大統領就任のお祝いとして、ソ連領内で撃墜されて抑留されていたアメリカの飛行士二名を釈放するといってきた。しかし、今後ソ連領内への空中偵察を行なわないことを公式に声明することが条件であった。ケネディはさっそくこれを承諾し、第一日に、モスクワへ打電した。

多数の訪問者があり、会議が開かれた。その後毎週約三万の手紙が届けられた。そして、その後の二か月間に一二の演説が行なわれ、新聞記者会見は定期的に開かれた。大統領の記者会見をテレビで全国に生放送することは、ケネディが初めてである。

一月三〇日、ケネディ大統領は、最初の年頭一般教書の中で、「われわれの問題は重大である。情勢は悪い。……われわれは最善を期待する一方、最悪に備える必要がある」と述べた。

また、「日に日に危機は倍加する。日に日にその解決は困難さを加えてゆく。」と警告した。

新聞の多くは、大統領は不必要なまでに危機感をあおっていると批評した。しかし、危機は事実だった。二週間たった二月一三日、ルムンバの暗殺にともない、ソ連はコンゴに対して干渉を始めた。三月九日、ラオスの共産軍はほとんどラオス全部を支配する形勢となった。三月一八日、ポルトガルはアンゴラ植民地の民族主義運動を弾圧するため軍隊を急派した。三月二一日、ジュネーヴの核実験停止会議で、ソ連は査察に対してのトロイカ方式を提案し、核軍縮の可能性を危ういものにしてしまった。四月一二日、ソ連は初めて人間を乗せた衛星の宇宙旅行に成功した。四月一九日、亡命キューバ人によるキューバ反攻が失敗した。五月一日、南ベトナムのベトコンはこの年の終わりまでに南ベトナムを支配下におくと声明した。五月一五日、韓国にクーデターが起きた。五月三〇日、ドミニカ共和国の独裁者トルヒリョが暗殺された。八月一三日、ベルリンに壁が築かれ、東西ベルリンの交通が遮断された。

これらの国際的危機に対して、ケネディは一つ一つ神経をすりへらしながら、最善の道を選ぶ決定をしなければならなかった。かれは危機に対しては、つねに冷静であり沈着かつ機敏に行動した。かれは猛烈に働いた。

閣議は定期的には開かなかった。ケネディは第一回には公式的な閣議を開いたが、その後は問題によって、その問題に必要な関係だけを召集するというやり方だった。

## ❖オリーブか矢か？

ケネディは就任演説の中で、「われわれの武力が疑う余地のないくらいに充実している場合にだけ、その武力は決して使われることはないと確信する。」といっており、また、最初の教書では「アメリカ大統領の紋章の鷲は、右足にオリーブの枝、左足に矢のたばを握りしめている。われわれとしては、この二つに同じように関心を払うものである。」と述べている。このことは、アメリカの最高司令官でもある大統領が、平和を維持するために、アメリカの軍備の充実が必要であることを示している。共産主義と対決し、これに主導権を握るために力の外交を行なうことが世界平和への道だという態度を示したのである。

直面する問題はラオスであった。ここでは共産ゲリラが平和を脅かしていると、ケネディは判断した。ラオスの問題はアイゼンハウアーからの引きつぎ事項であったが、ケネディは就任以前からこの問題の解決方法を研究していた。初めは、ラオスを中立化することを考えたが、共産側がはげしい攻撃を加えたのを、ソ連がラオスの共産分子に軍事援助を強化したので、ケネディはついに、三月中旬になって、新しいやり方をとることにした。

かれは、国防省に直接相談せず、ラオス作戦の責任者をホワイトハウスに招き、現地の情勢を報告させた。その上で、一七項目の行動計画がつくられた。そしてラオスに対する援助と軍

「アメリカ大統領の紋章の鷲は、右足にオリーブの枝、左足に矢のたばを……」

ケネディ大統領(左)はフォン=ブラウン博士から宇宙開発の説明を聞く

事訓練を改善することにした。一方積極的にソ連に働きかけて、ラオスの中立化をはかる方針をとった。三月二三日、ケネディが新聞記者会見で、ラオスの中立と独立を強く支持することを声明すると、ソ連もこれに応じ、三月二七日には、ソ連のグロムイコ大使がケネディと会談するため、ホワイトハウスにやって来た。

四月一一日、ソ連の人間衛星船打ち上げがあと数時間後に迫っているという確実な情報がケネディのところに入った。ソ連は、その夜ガガーリンを乗せた宇宙船を打ち上げ、これに成功した。ケネディは直ちに声明を発表してその成功に祝意を表した。

その日の夕方、宇宙競争について記者会見を行なった。記者団からは、いつアメリカがソ連に追いつき、追い越せるのかという質問が出た。ケネディは率直に、追いつくには相当時間がかかること、そしてアメリカは立ちおくれていることを認めた。

ケネディは議会に対して、すでに計画されている案を早めるために、一億二〇〇〇万ドルの追加を要請し、巨大なサターン-ロケットの完成を計画より一年早めることを命じた。そして議会に対して、「緊急の国家的必要」に関する教書を送り、月へ人間を送る計画を発表した。ジョンソン副大統領を国家航空宇宙会議長に任命した。五月五日、アラン=シェパード中佐がアメリカ人として初めて宇宙飛行に成功した。

## ❖挫折したキューバ反攻

アイゼンハウアー大統領は、在任中、アメリカに亡命しているキューバ人がカストロ政権打倒のために、キューバに侵攻するという計画をたてていた。キューバの共産主義を打倒することがアメリカの利益だと考えていたからである。そして、その計画は、中央情報局を中心として進められていた。中央情報局は、キューバ人たちにグアテマラで軍事訓練を行なっていた。

しかし、ケネディは大統領に当選するまでまったくこの計画を知らされていなかった。かれが大統領に就任したあと、中央情報局のアレン=ダレスは、新政府の主要メンバーである国務長官、国防長官、司法長官らに、この計画を伝えた。ケネディは、この計画についての会議を召集した。基本方針としては、アメリカ自身はこの計画に軍事介入をしないということであった。しかし、中央情報局の計画はそのまま進められた。ケネディは明らかに迷っていたのである。

そのため会議はしばしば開かれた。国務次官ポールズとフルブライト上院外交委員長は明らかに反対であった。しかし、マクナマラ国防長官はこれを支持し、ラスク国務長官ははっきりしなかった。結局、ケネディは迷いに迷ったあげく、実行にふみきった。四月一七日がその日と決められた。グアテマラのキューバ人部隊は、もう一四〇〇人にもなっていて、その日の来るのをジリジリしながら待っていた。

かれらは、予定どおり四月一七日の朝、上陸用舟艇に乗ってキューバのピッグス湾の沖合いに集結し、カストロ政権に対する侵攻作戦を開始した。しかし、この侵攻作戦は大失敗に終わった。

この計画の失敗は、国内でも大きな反響を呼び起こした。進歩的な学者たちは、署名したケネディに公開状を送って抗議し、十数校の大学のキャンパスでは、抗議集会が開かれた。ニューヨークのユニオンスクエアで開かれた「キューバにはフェアプレイで」という集会には三〇〇〇人の人たちが集まった。五つの文学雑誌とノーマン＝メーラーはいっしょになってデモを計画した。

中央情報局（ＣＩＡ）はワシントン郊外のラングレイの森の中に無気味な鼓動をつづける。人物はアレン=ダレス中央情報局長官（ワイド・ワールド・フォト提供）

もちろん、多くのアメリカ人は、ケネディを支持していた。しかし、そういう人たちの間にさえも、この新政府に対して初めてきびしい疑いの念を持った人も多かった。

ここにいたって、ケネディのやる仕事は、国内にカストロへの暴力報復を要求する叫びが起こるのを防ぎ、民主主義世界にワシントンの思慮分別についての信頼をとりもどし、同時に共産主義者が自制を弱さの証拠と見なすことを防ぐことであった。この事件はケネディにとって大きな教訓となった。将来同じようなことを絶対に起こさないようにするためにはどうすればよいか、をケネディは反省した。

### ❖対立する両巨頭

前にも述べたとおり、フルシチョフは、アイゼ

ケネディ（左端）とフルシチョフ（右端）は、お互いの人物を知り合うことができた

ンハウアーに失望して新大統領が出てくるのを待っていた。ケネディがまだ大統領に就任していなかった一九六〇年一二月に、すでに非公式ながら会談したいという申し込みを行なっていたのである。ケネディのほうでも、もちろん、フルシチョフに会うことは、当面の諸問題をすぐに解決できなくとも、それ自身意義のあることだと考えていた。一九六〇年六月に予定されていた巨頭会談が流れた代わりに、この両巨頭が会談することはきわめて重要な意味を持っていた。

五月三〇日の夜、ケネディは、ジャクリーン夫人を伴ってまずパリに飛んだ。ドーゴール大統領と会談するためである。しかし、ケネディの背中はまた痛みはじめた。苦痛をこらえて、しかも微笑をたたえながら、ケネディとドーゴールは、ベルリン問題、ラオス問題、NATOの問題などについて意見の交換を行なった。

フルシチョフは、ケネディよりも一日早くウィーンに到着した。このとき中ソ論争はすでに始まっていたし、ソ連では農業問題が悪化していた。六月三日、ケネディはウィーンに到着した。アメリカ大使の公邸に入ったケネディをまもなくフルシチョフが訪れて来た。このようにしてウィーン会談は始まった。二日間にわたったこの会談は、ケネディにとっても、フルシチョフにとっても、勝敗はなかった。ラオス問題を別にすれば、和解にこぎつけた問題は一つとしてなかった。核実験停止問題は死んだも同然であった。ベルリン問題は依然として戦争へのおそれを抱かせるものであった。ケネディは疲れ切っていたが、この会談はそれでもそれなりの成果があった。要するにお互いに考えていること、いいたいことを述べあい、議論することであった。意見は一致しなかったが、この会談を通じてお互いに人物を知り合うことができた。このことが、その後の二人のやりとりをつづけて行く機会をつくり、それによって平和を保つことができたということは、この会談のもっとも大きな成果であったといえよう。

ケネディは、ロンドンに立ち寄り、マクミランと会談した。ケネディとマクミランとは、ほとんどすべての点で意見の一致を見た。

ケネディは帰国後、テレビを通じての報告演説で、「二人の見解は鋭く対立したが、少なくとも最後に双方は相手の立場をよりよく知った。少なくとも連絡の道はより完全に開かれ、その決定に平和がかかっている二人は接触をつづけることに同意した」と述べた。具体的な問題としては、フルシチョフが、ラオスが米ソ双方にとって戦争に値しないことに同意し、また双方が受け入れられるような政府をつくり、休戦を監視することに同意した。

# 冷戦とケネディ

### ❖高まるベルリンの危機

ベルリンに危機が訪れるであろうことは、ケネディは早くから予想していた。フルシチョフはすでに、一九六一年四月を期限として、「ヨーロッパの心臓からとげを抜く」ことを宣言していたが、六月にウィーンで会談をすることになったので、実際の行動はそれ以後に持ちこされることになった。ケネディは三月に元国務長官ディーン＝アチソンを招いてドイツに関する諸問題を検討してもらった。ウィーン会談の三週間後に、アチソンは長い報告書を提出した。西ベルリンは問題ではなくて、一つの口実であり、ベルリンの危機は一九六一年中にはやって来るだろうというのが結論であった。しかし、ケネディは驚かず、あわてなかった。かれはすでにウィーンでフルシチョフからベルリンに対するソ連の強硬な考え方を聞いていた。もし、ソ連が、その発表どおりに、東ドイツと単独平和条約を結び、西側諸国のベルリン出入の管理権を東ドイツに与えることになれば、アメリカは西側諸国の権利を守るという約束を反古《ほご》にすることになり、完全に国際的信用を失ってしまうであろうと考えた。だから、ケネディはどんな犠牲を払っても、西ベルリンを守ろうと決意した。かれは中部ヨーロッパのアメリカ軍兵力を急速に増強し、議会に対しては、追加軍事予算を要求し、徴兵人員を三倍以上にふやすことにした。

一方、ウルブリヒト東ドイツ国家評議会議長は、六月中旬、西ベルリンへの避難民の流れに不満を表明し、西側からの航空機に対して新たな制限が加えられることをほのめかした。七月はじめにはフルシチョフが赤軍の一部動員解除令を停止し、ソ連の軍事支出を三分の一増額することを発表した。

七月二五日、ケネディはテレビ演説で国民に呼びかけた。「われわれは、共産主義者がベルリンから徐々に、あるいは力によって、われわれを追い出そうとするのを許すことはできません。また許しておくつもりもありません」とケネディは語った。八月七日、フルシチョフはテレビ放送でケネディ演説に応戦した。ケネディ同様、フルシチョフも基本的見解では少しも譲ってはいなかった。

こうして八月のはじめには危機は高まっていった。ケネディは、西側の立場をまとめるために、八月の終わり西側の外相会談を開くことを提案した。しかし、フランスはこれを拒否した。

戦争の恐怖が高まり、東ベルリンから西ベルリンへの逃亡者の数は増えて行った。七月だけで三万人以上が西ベルリンへ逃れた。八月一三日、真夜中のちょっとすぎ、東ドイツの軍隊と警察は、分割線にある出入口の東ドイツ側を占領し、道路に穴をあけてその上に防塞をとりつけ、さらに有刺鉄線のバリケードを築いた。

### ❖〝私はベルリン市民である〟

直ちに壁をぶちこわせという叫びも起こった。しかし、ケネディは冷静に、あらゆる方策を考えた。結局、東西両地域間の通商を絶つといったような対抗手段はあまりにも強すぎるとして、合衆国内の軍事的増強をはやめるということになった。もちろん、モスクワに対して公式に抗議も行なった。

アメリカが一見無抵抗のように見えたので西ベルリンは大いにあわてた。ケネディは西ベルリン市民の士気をおとしてはならないと考えたので、とりあえず一五〇〇名のアメリカ軍部隊を西ベルリンに増派した。この部隊は、何事もなく、西ドイツから自動車道路によって、東ドイツを通過して西ベルリンに入った。

同時に、ケネディは副大統領のジョンソンを西ベルリンに派遣した。ジョンソンはその使命をみごとにはたした。かれの演説は、独立宣言に論拠し、独立宣言と同じくアメリカの生命、財産および貴き名誉を捧げることを誓ったもので、西ベルリン市民を感激させた。ケネディはまた、退役の陸軍大将であるルシアス=クレイ将軍にも、大統領特使として西ベルリンに向かうよう依頼した。クレイ将軍は、一九四七年ベルリンがソ連によって封鎖されたときのベルリン大空輸の司令官で、西ベルリン市民に親しまれていた人であった。

このケネディの作戦は成功した。対決はついに来なかった。一九六一年一二月がやって来たけれども、ソ連と東ドイツとの平和条約は結ばれなかった。ベルリンには壁は依然として残ってはいたが、危機は次第に去って行った。ケネディが戦う準備を見せながら、話し合う用意を見せた作戦はうまく行った。対決は武器ではなく、言葉だけで行なわれるようになった。

一九六三年六月になって、ケネディは、自分自身の目で、ベルリンの壁を見てこようと思った。かれは西ベルリン市庁前の広場で集まった市民に対して演説した。市民は熱狂してかれを迎えた。

二〇〇〇年前、〝私はローマ市民だ〟ということはもっとも自慢できることであった。今日、自由の世界においてもっとも誇らしい自慢は、〝私はベルリン市民である〟といえることである。世界には、自由世界と共産世界の大きな争点が何であるかを本当に理解せず、また判らないという人々が多くいる。そういう人たちにベルリンに来てもらおう。中には共産主義は将来の波であるという人々がいる。そういう人たちにもベルリンに来てもらおう。……自由には多くの困難があり、民主主義は決して完全ではない。しかし、われわれは人々を閉じこめるため、かれらがわれわれから離れていくのを防ぐために、壁を築かなければならなかったことは一度もない。……あらゆる自由な人々は、どこに住んでいようと、ベルリン市民である。

ケネディの意気はさかんであった。ベルリンの危機を避け、自由を守ることができたということに満足していたからである。

## ❖ケネディ-スタッフの再編成

ベルリン問題の経験は、ケネディをして国務省に対する不満をますます強めさせた。ケネディが大統領に就任以来、国務省は失敗だらけであった。ピッグス湾事件に対する認識不足、フルシチョフの覚え書に対する遅い反応、などは、ケネディは今の国務省では役に立たぬという印象を持った。伝統にしばられた官僚機構では、敏速な情報と決定をする組織には向かないとケネディは考えた。

一九五一年、ケネディが若い下院議員だったとき、すでに職業外交官たちが、赴任した国についてあまりにも知らなすぎ、その国の言葉や習慣に無関心であり、ゴルフやカクテル-パーティにばかり精を出しているという印象を述べたことがあった。そこで、ケネディは、選挙が

ベルリン市民はケネディを歓迎した／左からケネディ、ブラント西ベルリン市長、アデナウアー西独首相

終わるとすぐに「海外およびワシントンにおける国務省の諸活動」に関する特別研究班を組織した。このグループの報告によると、外交官のように傑出したグループでさえ、変わってゆく世界の新たに拡大する諸問題に歩調を合わせることに失敗した。といっている。

ところが、外交の問題は元来、大統領の仕事であり、国務省の仕事ではなかった。一七八九年、時の外務省を設立した法律でも、その長官は省の仕事を、「時に応じて合衆国大統領が命令し、あるいは指令するような形で」行なうべきであると規定している。ケネディはホワイトハウスと国務省の密接な協力をいかにすべきかを考えた。

この協力関係を実際に取扱うことになったのは大統領補佐官たちであった。ことに、マクジョージ＝バンディが中心人物となった。また、国家安全保障会議がその場となった。そして特定の問題を扱う能力のある特別研究班が設置された。この研究班は、問題が解決するとすぐに解散するもので、その問題に関係のある各機関の有能な代表を集め、しかも最後の勧告をするのは議長だけであった。これによって政策を形成するスピードと、調整の問題を改善することができた。

バンディのスタッフは、すばらしい人々の集まりであった。その中でももっとも有能だったのは経済史家のウォルト＝ロストウであった。かれの『経済成長の諸段階』はわが国でも広く読まれている名著で、多少図式的なところはあるとしても、因襲的な社会からの「離陸」を通じて自立成長の段階に入り、高度の大量消費の時代に至る発展過程を描いたものであった。スタッフにはカール＝ケイセンもいた。かれは経済問題と安全保障の問題の専門家であった。その他、中立諸国の専門家ロバート＝コマー、東南アジアの専門家マイケル＝フォレスタルなどがいた。これらの人々はすべて、ケネディに接近し、いろいろな問題について進言し、その指令を実行した。

その他、重大な危機に直面したり、重要な演説をする場合はソレンセンが相談にあずかった。

## ❖ソ連、核実験を再開する

ピッグス湾事件の失敗によって、大統領が直接に外交問題を処理するという傾向は、ますますはっきりしはじめた。大統領は、外交関係の官僚たちが自分たちの独占的領域だと考えていた領域に積極的に進出するようになった。バンディは、国務省、国防省および中央情報局の情報がホワイトハウスにも流れてくるようにしなければならないと主張していたが、これが実行されるようになった。また、ホワイトハウスのスタッフは、各省からの提案に関して独自の批評を大統領あてに提出するばかりでなく、大統領の指令が実行されているかどうかを見きわめることも実際に行なった。

ベルリンの危機はともかくも避けられたが、ソ連の攻勢は、今度は別の方面からやって来た。八月三〇日、ソ連はラジオを通じて長い政府発表を放送した。ソ連が大気圏内の核実験を再開したというのである。ケネディは失望した。かれは述べた。ソ連のとった道は、死の灰の危険性を増大させることによって、世界中のあらゆる人々に危難を及ぼそうとするものであり、軍縮に関するソ連の宣言の完全な偽善性を示し、熱核兵器による人類絶滅の危険性を増大させているとした。ケネディにとっては、ソ連がかれをだましたのだと感じたのであった。また、ソ連を信用したことに自分自身に腹が立ったようである。アメリカが先に実験を再開しない限り、ソ連は一方的に実験を再開しないというフルシ

ある日のバンディ大統領補佐官

チョフの言葉は真っ赤な嘘だったのである。

発表の翌朝、各紙はソ連の措置を非難し、上院議員たちはアメリカも核実験を再開せよと要求した。ケネディは直ちに国家安全保障会議を召集した。国務長官はこの席で、アメリカの即時核実験再開を宣言する大統領声明草稿を提出したが、ケネディはそれに応じなかった。その日のうちに大統領は短い声明を出し、ソ連の発表は本質的に現下の国際情勢において、理解を恐怖と置きかえようとする一種の核による恐喝であると述べたが、アメリカの核実験に関しては何も述べなかった。

大気圏内における核実験は、一九五八年一一月以降、両国とも互いに相手の知る限りでは、一度も核実験を行なわなかったのであった。

九月五日、ソ連は、実際に核実験を行なった。もちろん、ケネディは、アメリカが核実験をするかどうかについて決定をしなければならなかった。しかし、もし、アメリカが核実験を再開すれば、それは、ソ連の核実験再開を正当化し、したがって核軍備競争を促進することになる。それは世界の非難をいっせいに浴びることになるわけだ。

一一月までの間に、ソ連は少なくとも三〇回の大きな核実験を行なった。ケネディは九月なかば、開かれている国連総会に訴えてみようと決心した。

## ❖ケネディの国連演説

国連に対して、アメリカは何を大きなテーマで持ち出すべきかという問題については、すでに八月五日、ハイアニスポートで議論したことであった。このときスティーブンソン国連代表は、軍縮の主張を持ち出した。中共の問題も討議された。しかし、核実験再開は予想もされなかった問題であった。

核実験の分野では、アメリカはソ連よりも進んではいたが、そのままにしておけばやがてソ連はアメリカに追いつき、そして追い越すようになる。ケネディはイギリスのマクミラン首相の支持を求め、米英共同でフルシチョフに対して、三国政府が協定を結んで核実験を行なわないよう提案した。

ケネディがニューヨークに赴いて、国連で演説する準備をしている間に、軍縮を主要テーマとすることに対する反対が起こっていた。もし、ケネディがニューヨークで軍縮を要求できずにワシントンにもどるようなことになれば、国内の分裂を引き起こすことになるだろうというのであった。九月一八日国連事務総長ハマーショルドがアフリカで飛行機事故のために死亡したという報が入ると、ケネディの心は決まってしまった。ソ連が国連事務総長のトロイカ方式を打ち出すことは必至であり、なんとしてもそれを阻止しなければならないからであった。

“戦争のための武器を絶滅させよう……武器が人類を絶滅させるまえに……”と、ケネディは国連で演説する

ケネディの国連における演説は力強いものであった。まず、かれはハマーショルドを追悼《ついとう》する言葉を述べたのち、三人の事務総長を就任させることは「平和の総司令部において冷戦を固定化することになろう」と正面から反対の意を表明した。そして軍縮という目標は「もはや夢ではない──それは生か死かという現実の問題である。軍縮によって生ずる危険は、無制限の軍拡競争から生ずる危険とくらべれば、物の数ではない」と述べた。かれはアメリカの計画を発表し、「全面的かつ完全な軍縮のための全計画が論議されるのみならず、実際に達成されるまで中断することなく」交渉が続けられるよう要請した。論理的にいって、まず手をつけられるべき分野は、核実験停止条約の締結であろうと述べ、国連の平和維持軍への助力、紛争の平和的解決のための国連機構の改善、世界法の地球外宇宙空間への拡大、国連の発展一〇年計画の支持を要請した。

ケネディのこの演説は各国代表を感動せしめた。国連は結局トロイカ方式を排し、ビルマ（現、ミャンマー）のウ=タントを新しい事務総長に任命した。中共の国連加盟は拒否された。国連はさらに軍縮に関する新しい交渉のための基礎づくりとして、効果的な国際査察と国際管理の下に核実験を禁止する条約を締結するよう要求した。

# 難航するニューフロンティア

## ❖ニューフロンティアとは（その一）

ケネディは、大統領選挙戦で、〝ニューフロンティア〟という政策を掲げ、これを国民に公約した。この政策自身は別に目新しいというほどのものではない。すでに二八年前、一九三三年、同じく民主党のローズヴェルト大統領が、一九二九年に起こった大恐慌の克服のため推進したニューディールとその精神においてはまったく同じである。

ニューディールは、救済、復興、改革を掲げたが、このうちもっとも問題となり、かつ注目されたのは改革であった。ニューディールは改革によって資本主義体制を修正し、これによってふたたび大恐慌を招かないようにすることが大きな狙いであった。この政策は、第二次世界大戦によって中断されたが、大恐慌に対する一時的な政策ではなく、戦後も恒久的な政策となったものである。トルーマン大統領のフェアディールは、その延長であり、かつ、アイゼンハウアー大統領も党派は異なってもこの線を引き継いできたものであった。したがって、ニューディールは、時代に即応するよう発展して当然ケネディの時代にも行なわれるべき政策であった。

ケネディのニューフロンティアは、いわばニューディールが見落とした分野を追求しようというものであり、また、固定しかかったニューディールにさらに新しく時代に即応するような精神を注入しようとしたものであった。

ケネディは、ニューフロンティア政策の基本として、次の七つの重要政策を掲げた。

第一は、人口のニューフロンティアである。アメリカの人口は一九二〇年代の移民法によって移民を制限したため増加率が減少していたが、第二次世界大戦後急速に増加し始めた。一九六〇年の全人口は、一億七九三二万余で、過去一〇年間の増加率は一八・五パーセントに達した。このように人口が増加しつつあるにもかかわらず、経済成長率は伸びなやんでいた。トルーマン大統領の時代には、成長率は五パーセントであったのに対し、アイゼンハウアー大統領の時代は平均して二・四パーセントにしか過ぎなかった。経済を拡大して、増加してゆく人口に仕事を与えることが必要であった。ケネディの計算によると、一九七〇年には、アメリカの全人口は二億五〇〇〇万に達するものと考えられた。

第二は、生存のニューフロンティアである。アメリカ人の生存年齢は最近著しく延びてきている。一九六〇年の生存年齢は、男子六六・六歳、女子七三・一歳となっていた。医療や医薬の進歩によって人間は驚くべきほどに長命となった。一九三〇年の生存年齢が男子五八・一歳、女子六一・六歳であったのに比べると、この三〇年間にアメリカ人は一〇年も長生きするようになったのである。全人口の割合からいっても、六五歳以上の老人の数は、ほとんど一〇パーセントを占めていた。このことは当然のことながら老人問題という新しい問題を引き起こし、高齢者に対する医療施設などを考えなければならなくなった。

## ❖ニューフロンティアとは（その二）

第三は、教育のニューフロンティアである。人口が増加するにともない、就学児童の数はふえ、また大学に進学する青年の数が増加してきた。しかし、それに伴う教育施設は貧弱なままに放置されてきた。元来、教育という仕事は連邦政府の仕事ではなく、各州の権限ではあるが、一八六二年のモリル法のように連邦政府が間接的に援助することは従来も行なわれてきた。ことに、ニューディールのとき、連邦政府は教育に対して積極的にいろいろな援助を行なった。副大統領のジョンソンも、若いとき、ニューディールの教育機関の仕事をしていた。教育に対しては連邦政府がもっと積極的にならなければならないというのがケネディの考え方であった。

第四は、住宅および都市郊外のニューフロンティアである。人口増加のはげしい大都市を中心とする地帯では、都心から人々は周辺の郊外に移る傾向が著しく、これは行政上、施設上のいろいろな問題を発生せしめつつある。住宅地域の移動によって税金の問題も起こり、また交通機関の整備も必要になってきている。また、一方、住宅は依然として不足している。これらの問題についても、連邦政府が積極的に乗り出す必要がある。

第五は、科学および空間におけるニューフロンティアである。これは要するに宇宙開発の問題である。最近の科学の発達は目ざましいものがあり、とうてい、数年前の知識や技術では満足することはできない。宇宙競争においては、依然ソ連におくれをとっており、アイゼンハウアー大統領は科学教育の振興を唱えたが、まだ不十分である。ケネディは一九七〇年までに月旅行を行ない、ソ連を追い越すことを目標に掲げた。

第六は、オートメーションのニューフロンティアである。社会のあらゆる分野に、オートメーション化が進み、機械が人間にとって代わるようになったため、失業者を生じている。オートメーション化の結果を、人間の幸福に直接に結びつけることが必要となってきている。

第七は、レジャーのニューフロンティアである。オートメーションの実現、労働力の拡大、人間の生命の延長、交通機関の速度の増大などによって、アメリカ人は今までよりも、より多くの余暇を持つようになった。これをいかに有効に利用するかということが当面の大きな問題になってきている。

要するに、ニューフロンティアは、連邦政府の権力を使って、より多くの公共の利益、国力の強化、進歩を実現しようというものである。これらのことを実現するためには、従来のように民間の手によっては不十分であり、それは強力な連邦政府の手によるべきことが当然と考えるのである。

## ❖ニューフロンティアの推進者

このようなニューフロンティア政策は、かつてのニューディールと多くの点で似ているし、その考え方の根本に一致しているところを見出し得る。大統領の強力な権限を使って、公共の利益、国力の強化をはかろうという点などがそれである。しかし、ニューディールの場合には、まず大恐慌を克服しなければならないという現実の問題の解決が先決であった。しかも、その改革の面については多くの論議がたたかわされたのであった。しかし、ニューフロンティア政策は、たとえ現実に経済逆調が存在していたにしても重点はそこにおかれていたわけではなく、一〇年先まで見通した長期計画であった。改革といっても、すでに共和党がニューディールの根本理念を承認している以上、程度の問題にすぎなかった。ともかく、将来に向かっての総合的なプランであるという点で、ニューディールよりも一歩前進しているものということがいえよう。

このニューフロンティア政策を推進するために、ケネディは全米のあらゆる分野、地域から人材を集めた。州政府、大学、財団、新聞など、アメリカをつくりかえる重要な仕事を受けもつのだという熱意に燃えた人々であった。セイモア＝ハリスは、ケネディによって最初に高級官職に任命された二〇〇人のうち、ほとんど半数が政治または公共活動分野における政府の官吏であり、一八パーセントが大学または財閥の出身、六パーセントが財界の出身であったことを指摘している。これを比較するとアイゼンハウアーの時代には、四二パーセントが財界出身、六パーセントが大学および財団出身であった。ワシントンは、活気をとりもどし、多くのフロンティア＝マンが活発な議論をたたかわせるようになった。かれらはなんでも試みようとした。アイゼンハウアーの時代には、はっきりと決められた機能を持つスタッフが集まっていたのに反して、ケネディは、どんな問題でも扱うことのできる人物を求めた。

ニューディールの一〇〇日間のように、ケネディはあらかじめ準備した政策を一度に打ち出すというよりは、むしろ、討論に重点をおいた。それでも、最初の三か月間は、三九通りの立案を求める教書と書簡が議会に送られ、一〇名の著名な外国からの来訪者を迎え、九回記者会見が行なわれた。知性が公共問題を取り扱うという雰囲気が生まれた。しかし、難問題は山積していた。ラテンアメリカの貧困と混乱、ラオスの解決しがたい紛争、ベトナムでの苦しい戦い、アフリカの暗い動乱、アメリカ自身の人種差別と失業問題、ソ連と中国との根強い敵意など、直面する問題はいくらでもあった。ニューフロンティアに結集した人々は、そのすべてになんらかの発言をし、何かを積極的に行なおうと考えていた人たちばかりであった。このようにして、ケネディのニューフロンティアは動き始めたのであった。

### ❖「沈黙の世代」からの脱出

アイゼンハウアー時代は、こと経済に関する限り「沈黙の世代」であった。経済成長率はせいぜい年間三パーセント、悪いときは二パーセントを少し超えるくらいで足踏みしていた。一九五四年と五八年には景気後退があり、一九六〇年の春には三たび景気は後退し始めていた。国民総生産高は停滞し、二月から一〇月までに失業人口は一二〇〇万に増加した。ケネディが国をふたたび動かそうというならば、まず経済から始めなければならなかった。

学生時代、ケネディは経済学ではあまり良い成績をとれなかった。しかし、かれの青年時代のニューディールはよく知っていたし、ニューディールがケインズ理論による改革であることも知っていた。だから、生産性を高めるために消費者の購買力を十分に養う政策や、景気後退に際して政府支出を増加する政策などは、別に他人に教えられなくとも、身につけていたのである。

経済に素人のケネディは、大統領になるに際して、ダグラス＝ディロンを財務長官に任命し、

景気対策を検討する大統領とその閣僚たち／手前左からジョンソン副大統領、ヘラー経済顧問会議議長、ケネディ大統領、ソレンセン大統領補佐官、ディロン財務長官

ウォルター＝ヘラーを経済顧問会議の議長に選んだ。この二人は対照的であった。前者は共和党員であり、穏健派であり、もともと銀行家であった。後者は民主党員であり、進歩派であり、大学の経済学教授であった。その他セイモア＝ハリスをディロンの経済顧問にし、経済顧問会議との事実上の連絡係とした。もちろん、ガルブレイス、ポール＝サミュエルソン、カール＝ケイセンその他の経済学者もケネディの相談相手であった。

最初に取り組まなければならなかった問題は景気後退であった。この問題はケネディの選挙戦の中心課題でもあったからである。経済は年間五パーセントの割合で拡大されねばならないと、ケネディは公約していた。しかし、景気後退は、選挙後の数週間も深まる一方だった。一九六一年二月には失業者は労働人口の八・一パーセントに達した。ケネディは、サミュエルソンに調査を依頼した。かれは一月五日、ケネディの大統領就任直前、報告書を提出し、これは一般に公開された。サミュエルソンの報告は、現状を〝不況〟という状態で呼ぶべきではないとしているが、景気後退の事実を認め、失業率が高いことを警告した。そして、その対策として、個人所得税の減税、失業手当の支給の拡大、都市改造、教育、保健福祉計画に対する連邦政府の活発な援助、不況地域の救済、住宅建設の促進などをあげている。

二月二日、ケネディが大統領として初めて議会に送った経済特別教書は、サミュエルソン報告の多くの勧告をとり入れ、ニューディールと同じく赤字財政を大たんに表明している。またこの教書では、ニューディールのときにつくられた最低賃金を、直ちに一ドル一五セントに引き上げ、さらに二年以内に一ドル二五セントに引き上げることを要請しているが、これは他の勧告とともに、その年の六月末までに議会の承認を得て実施された。

## ❖反対派との闘い

ニューフロンティアは、もともと長期計画であるので、ローズヴェルト大統領のニューディールのように大統領就任直後の一〇〇日間に行なったような、大規模な、そして人を驚かすようなスタートを切ったわけではなかった。その上、ニューフロンティア諸政策の実行に当たっては、これに反対する強力な人々に対していかなる説得を試みるべきかを考慮しなければならなかった。共和党と、保守的な南部の民主党はニューフロンティアに反対していた。一九六〇年の選挙で、民主党は頭数の上では、下院で二六二対一七四、上院で六三対三五という過半数を獲得したが、両院全体の票からいえば、ケネディ支持派は少数であった。

共和党と南部民主党の保守連合に対抗するために、ケネディはなんらかの手段を考えなければならなかった。議会の運営については、ベテランのジョンソン副大統領の進言によって、ケネディはまず下院議事運営委員会の支配権を握るための工作を始めた。下院議事運営委員会は、一九三七年以来保守連合が支配しており、ここ数年間は、バージニア州選出ハワード＝スミスが委員長をつとめていた。下院の各委員会から送られてくる法案は、この委員会がまず承認しなければ、本会議にはかけられなかったし、また上下両院で異なった議決を受けた法案も、スミスの委員会が認めなければ、両院合同委員会にかけてもらえなかった。委員会の構成は、民主党八名、共和党四名であったが、民社党のスミス委員長も、ミシシッピ州選出の有力議員ウイリアム＝コマーもともに反ニューフロンティア派であるので、この二人の票が共和党と結べば、議案の採決は六対六となり、これでは、論議の多い法案が本会議にかけられることはなく、ケネディの政策はすべて骨抜きにされることは確実であった。

このため、レイバーン下院議長は、ケネディにはしばらくこの問題にふれないように頼んでおいて、ミシシッピ州の反ケネディ民主党員を支持したということで、コマーをこの委員会から追放しようとした。穏健な南部の民主党員の要請によって、レイバーンは一つの妥協案を出した。それは下院議事運営委員会の委員を暫定的に増員し、民主党二、共和党一の委員を新たに加えようというものであった。

ところが共和党の下院院内総務チャールズ＝ハレックはこの案に反対した。ケネディは戦いを開始した。その結果、この提案は二一七対二一二票で可決され、ケネディは大統領となって最初の議会の採決に勝った。もちろん、反ケネディの民主党議員は上院にもいた。しかし、下院ほど有力とはいえなかった。ニューフロンティアの前途は多難であった。

### ❖議会工作ならず

議会がこのような情勢なので、ニューフロンティア政策に関する法案をすらすら通過させることは、いかにケネディでもきわめて困難であった。最初に問題となったのは、ニューフロンティアの一環をなすものであると同時に、選挙の公約でもあった高齢者に対する医療法案であった。この法案は、勤労者が、定年退職し、貯蓄がなくなったとき、慈善にたよらざるをえなくなっている現状を改善し、これに代わって自分たちの老年健康保険計画という社会保障によることができるようにするためのものであった。

激務の中にも、子どもたちと遊ぶいこいのひとときがあった（大統領執務室でのキャロラインちゃんとジョン坊や）

ケネディは、大統領に就任すると直ちに、特別作業班に命じて立案させ、二月には教書を送って議会にその成立を要請した。ケネディは議会の指導者たちと朝食をともにしながら、かれの父が入院したとき多額の費用がかかり、こういうことは金のない人には大問題であると説明した。

しかし、下院歳入委員会の委員長ウィルバー＝ミルズは、多くの法案を処理しなければならなかったので、この法案だけを早く通すことはできなかった。ケネディは一九六二年の中間選挙までには、この法案を成立させたいと希望していたが、景気逆調を終わらせるための諸法案のほうが先決問題だと、議会のほうでは考えていた。ケネディは記者会見や演説のたびごとに老人医療法案の必要性を力説した。アメリカ医師協会は、このような法案に強く反対したけれども、ケネディは個人的に有力な医師たちに会って説得をつづけた。一九六二年五月二〇日、ケネディは、直接この問題を国民に訴えることにし、ニューヨークのマディソンーズ・スクエアー・ガーデンで演説したが、この演説はテレビで全国に中継放送された。その翌日、アメリカ医師協会はケネディに反対する声明を出した。ケネディ反対派は下院の歳入委員会に圧力をかけてきた。しかし、本当に問題となったのは上院であった。七月の初め、下院を通過した公共福祉法案は、医療法案の修正として上院の審議に入った。七月一七日、この法案は採決されたが、採決前の形勢は五分五分であった。態度をきめかねていた議員に説得が行なわれた。しかし、ついに不成功に終わった。採決の結果は、五二対四八票で敗北に終わった。ケネディは直ちにテレビを通じて、これはアメリカの家庭にとっての重大な敗北であり、この問題は秋の中間選挙の重要な争点になるだろうと述べた。

第八七議会とそれにつづく第八八議会は、精神衛生、精神障害、医科大学の増設および改善、薬物の安全、病院建設、水および大気の汚染防止など、多くの健康に関する諸法案を可決成立せしめたが、高齢者の医療法案だけは、その成立は、次のジョンソン大統領の時代に持ちこされた。ケネディは、ニューフロンティア政策の重要法案の一つであるこの法案の敗北に大きな失望を感じた。

## 経済界への挑戦

### ❖回復したアメリカ経済

一九六三年までに、アメリカの総生産額は一六パーセントふえ、それによって雇用は五〇万ないし七五万増加した。景気後退はみごとに克服され、経済成長率は五パーセントに達した。一九六一年に六・七パーセントを示した失業率も、一九六三年には五・七パーセントに回復した。アメリカ経済はあらゆる点から見て記録的に伸びた。

しかし、ケネディは決してこれで満足していたわけではなかった。失業者の数はもっと減らす必要があり、ウェストバージニア州を初め多くの景気衰退地域では、人々は貧困にあえいでいた。かれは、連邦政府のすべての機関に命じて、社会福祉の増進のための諸政策を急いで実行させた。公共建築は予定を早めて着手され、ハイウェイの建設には一〇億ドル以上が支出され、税金の払い戻しや復員軍人の保険金配当支払いを急がせ、住宅建設の貸付け利子を引き下げ、余剰食糧を困窮地域に配給した。

この点では、ニューディールが単に大恐慌を克服するためばかりでなく、ふたたび恐慌が起こらないように改革を行なったのと同じように、ニューフロンティアも景気逆調を回復させるだけでなく、長期的な計画を進めようとしたのであった。ニューディールのときと異なる点は、一九三〇年代には労働力は不足していたが、六〇年代は求人よりも職を求める潜在的労働力は多かった。だから、政府は、新しい仕事を速やかに進めて、経済を伸ばす政策をとらなければ、景気逆調は終わらないばかりでなく、繁栄の中に高率の失業があるという状態がつづくことになるわけである。戦後のベビーブームによって、一九六〇年代には新しく二六〇〇万の労働人口が増加するのに対して、なんらの手を打たないでおれば、技術を身につけない不熟練労働者の数がふえ、これが失業率を高める結果になると、ケネディは考えた。そこでケネディは、こういった青少年たちにできるだけ多くの教育を受けさせるために、連邦政府は積極的に教育に対する援助を行ない、同時に高等学校へ進学しない少年たちのために職業訓練を行なうことを奨励し、そのための設備をつくることを主張したのであった。

ケネディが、景気逆調克服対策のほかに、国防、宇宙開発などに、連邦政府の資金を多額に支出したことによって、経済の速やかな回復をはかったことは、それ自身それぞれ成果をもたらすものであったが、経済が拡張すれば物価もまた上がることは避けられないことであった。

しかし、物価が上がってインフレーションになれば、また、それに従って国民生活は苦しくなることも当然のことであった。したがって、インフレを克服しなければ、経済の拡大も実質的に効果が薄くなるわけであった。

## ❖ゆれる経済界

そこで、ケネディはいろいろな立法を議会に要請し、また適切な行政措置をとった。消費者を保護するための教書を議会に送るとともに、ホワイトハウスに特別消費者委員会を設けた。住宅、交通、教育、医療、医薬などの価格を低くする法案を議会に提出させる一方、反トラスト法を厳に実施し、関税を引き下げ、小企業を援助して、競争をさかんにしようと努めた。司法省の反トラスト局は、価格を固定させようとする企業を告発した。法律による価格安定ばかりでなく、いわば、行政的な方法をかれは多く採用した。ケネディは労使双方に警告を出し、教書、記者会見、あるいは演説、手紙、会談などでたえず精力的にこの問題について努力をつづけた。

ところが、経済界は、もともと共和党支持で、民主党には不信感を抱いていた。ケネディは、証券取引委員会委員長、連邦交通委員会委員長、国家労働関係局長、連邦権限委員会委員長、連邦通商委員会委員長など、経済界と密接な関係を持つ連邦政府のポストに、公共の利益を重視する進歩派の人々を任命し、このことは、アメリカの経済界にとって大きな不満であった。

経済界は、商務長官に経済人であるルーサー＝ホッジスが任命されたことを歓迎してはいたが、ホッジスはもともと保守派でありながらニューフロンティアを支持していた。インフレ克服には経済界の協力が是非とも必要であったが、その協力はなかなか得られなかった。経済人は個人的には賢明であることが多いが、公共の政策に対しては無関心でありすぎる傾向があるからであった。

ケネディは、国内でのインフレを抑え、国際貿易を促進して収支の均衡をとるために、価格は低くしておくべきだと考えていた。景気後退からやっと回復しつつあるアメリカ経済においては、過度の需要にもとづくインフレはあまり見られないが、一九五〇年代のように生産性よりも賃金の上昇が早かった場合、コストインフレの危険は存在し得る。かれは、賃金や物価を定めるのは、それぞれの企業が行なうべきではないという態度をとった。ところが有力な民間企業はこれに対して反対であった。

鉄鋼価格の上昇は経済全体にわたって大きな影響を与えるから、それは価格安定の問題に大きな役割を果たすものであった。鉄鋼が動けば、それにしたがってインフレも動くといわれていた。一九四七年から五八年にかけて、鉄鋼価格は二倍になったが、そのため、他の産業製品の価格は三倍以上にはね上がった。労働組合にも一部は責任があった。この期間中、鉄鋼労働

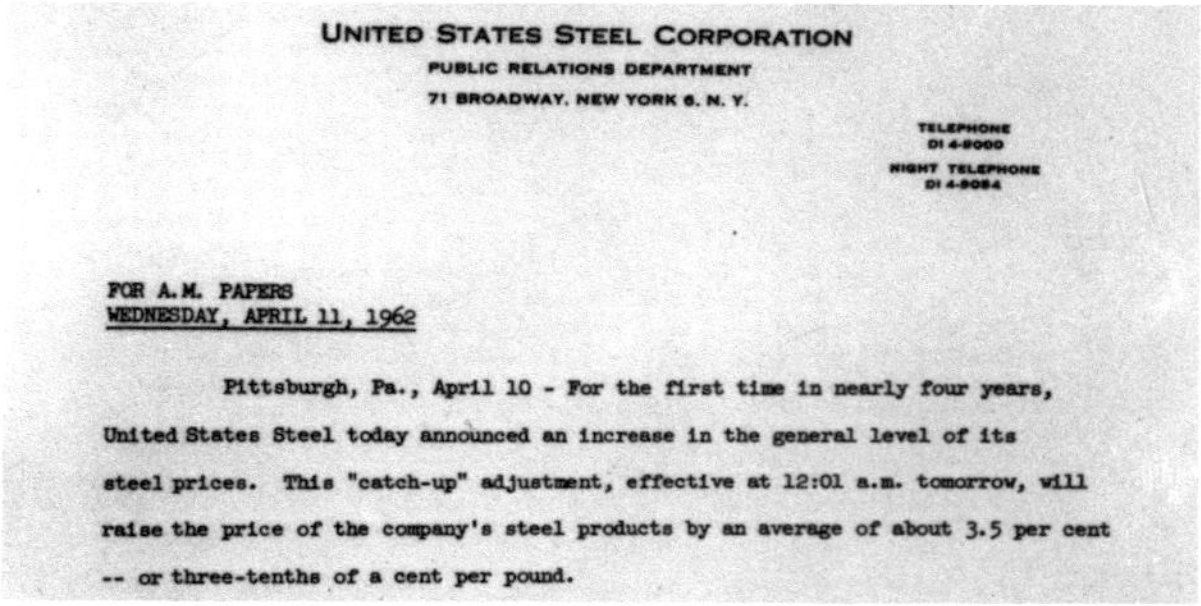
UNITED STATES STEEL CORPORATION
PUBLIC RELATIONS DEPARTMENT
71 BROADWAY, NEW YORK 6, N. Y.

TELEPHONE
DI 4-2000
NIGHT TELEPHONE
DI 4-3084

FOR A.M. PAPERS
WEDNESDAY, APRIL 11, 1962

Pittsburgh, Pa., April 10 - For the first time in nearly four years, United States Steel today announced an increase in the general level of its steel prices. This "catch-up" adjustment, effective at 12:01 a.m. tomorrow, will raise the price of the company's steel products by an average of about 3.5 per cent -- or three-tenths of a cent per pound.

ＵＳスチールはケネディの勧告を無視した／鉄鋼価格の値上げを報ずるＵＳスチールの文書

者の賃金の上昇は、生産の上昇を上回っていたからである。

一九五八年以後は、鉄鋼価格は安定しており、したがって他の卸売価格も安定していた。しかしアメリカの収支や金の需給は決して安定してはいなかった。したがって、鉄鋼の輸出は次第に下り坂となり、外国からの輸入が急に増加してきたのであった。

### ❖鉄鋼産業との対決

鉄鋼価格の引き上げは、一九六一年秋にはそろそろ予想されていた。労組は、その前年の争議の結果、六一年一〇月一日には賃金が引き上げられることになっていたので、鉄鋼産業はこれを機会に価格を引き上げることを考えていた。そこでケネディは、一九六一年九月六日、大手鉄鋼会社一二社の社長に書簡を送り、鉄鋼は産業価格の主要要素であるとともに、産業の先導者であるから、価格の引き上げをしないように要請した。しかし、その返事の中に値上げをしないと約束したものは一通もなかった。ケネディは、さらに、鉄鋼労働組合のディビッド=マクドナルドに書簡を送り、賃金要求は生産性向上の範囲内で行なうようにと提案した。また、労働長官ゴールドバーグは、一九六二年一月九日、鉄鋼の余剰蓄積をしないよう警告を発した。これは鉄鋼のストックによって、価格引き上げを必要とする状態になることを防ぐためであった。ゴールドバーグは労使双方の幹部と会談し、ケネディ自身も一月二三日、USスチールのロージャー＝ブラウ会長と会い、値上げを必要としないよう、早く交渉を妥結するよう要望した。労使交渉は、三月三一日、一時間当たり約一〇セントの賃上げで妥結した。初め一七セントを要求していた労組も、不満ではあったが、政府の物価安定策に協力したのであった。

ところが、四月一〇日、ブラウは、ケネディがいるホワイトハウスを訪れ、トン当たり六ドル値上げすると通告した。ケネディは裏切られ、怒った。ケネディは内政に関する助言者を召集し、行動に移った。ブラウのいうことをきくことは、賃金、価格指標、価格安定、経済発展計画、収支の均衡、労働組合がかれに持っている信頼、大統領の威厳、これらすべてに対する脅威と解された。ケネディは、値上げを撤回させるために、公共の団体をすべて動員し、また私的な説得につとめた。

翌朝、二番目に大きな会社であるベスレヘム-スチールが値上げを声明し、他の四社も直ちに値上げを発表した。その日の午後の記者会見で、ケネディは世論を喚起するために声明文を読み上げた。

ＵＳスチールおよび他の有力鉄鋼会社が、トン当たり約六ドルの値上げを同時に発表したことは、公共の利益に対するまったく不当で無責任な行為である。わが国がベルリンと東南アジアで重大な危機に直面し、精力を経済の回復と安定に集中し、……また、労働組合の諸君には賃上げ要求を差し控えるようお願いしているこのアメリカ史上重大なときにおいて、一握りの鉄鋼会社の重役が公共の責任を逸脱して個人的権力と利益を追求し、一億八五〇〇万のアメリカ国民の利益をこのようにまったく侮辱することは、私にとってもアメリカ国民にとっても受け入れがたいことである……」。

## ❖ＵＳスチールの屈服

ケネディは、大統領としてできるだけの範囲で鉄鋼会社に挑戦した。国防省は、ＵＳスチールに発注を中止し、値上げしていない他の鉄鋼会社に発注を移した。鉄鋼の値上がりによって、国防費は一〇億ドルも多くなるからであった。司法省は、各鉄鋼会社がいっせいに値上げを発表したことによって、独占禁止法違反ではないかと調査に乗り出した。連邦通商委員会は鉄鋼会社が共謀して価格をきめるという規則違反をしたかどうか非公式に調査すると発表した。議会の反トラスト委員会は聴問会を開くと約束した。民主党の各州知事に対しては、党の機関を通じて鉄鋼値上げに反対であるという声明を出させた。政府のスポークスマンはテレビ番組で値上げに反対した。そしてまだ値上げをしていない鉄鋼会社に値上げしないよう呼びかけた。

有力会社でまだ値上げを発表していない鉄鋼会社にインランド＝スチールがあった。もしもいくつかの会社が結束して値上げに反対すれば、USスチールその他の会社も競争上値上げを撤回せざるを得ないだろうと論ずるものもあった。インランド＝スチールの社長は大統領の労使諮問委員会の委員であったので、ケネディはこの会社の説得につとめた。一三日に、インランド＝スチールは値上げをしないと発表した。また、ケネディはカイザー＝スチールのエドガー＝カイザーにも話をした。カイザー＝スチールとコロラド燃料製鉄は値上げをしないと発表した。ゴールドバーグがブラウと会談するためにニューヨークに向かっている間に、ベスレヘムが値上げを撤回した。この会社は、アメリカで二番目に大きな鉄鋼会社であり、中西部ではインランドの、西部ではカイザーの競争相手であった。一四日午後ついにUSスチールは屈服し、値上げを取り消した。ブラウがケネディを訪ねてからちょうど七二時間たっていた。

ケネディのインフレ克服政策のうち、鉄鋼値上げの問題はもっとも重要でかつ大きな闘争であった。ケネディはこれらの大企業の横暴に勝ったばかりでなく、インフレ克服に力強い前進を示した。企業家たちは、アイゼンハウアーの時代に、あたかもかれらがもっとも重要なグループであるかのように取り扱った政府に慣れてしまっていた。しかし、ケネディはそうではなかった。かれは、企業家たちを追従すべき権力ではなく、政府が慰和すべき徒党と見ていた、とシュレジンガーはいっている。ケネディはかれらを政府に招いたことはまれであった。アメリカの実業家たちは、ケネディはビズネスに冷たいことを悟った。

ケネディのほうから見れば、鉄鋼闘争は、権力の使用に関する冷静な理解力を示したものであった。そしてこれは、侵略的と見られたアメリカ資本主義に対する世界の恐怖に対して、大統領の指導力に対する信頼をかち得た問題でもあった。

# ケネディと黒人問題

### ❖それまでの黒人問題

一九五四年、三人の南部出身者をふくむ最高裁判所は、全員一致で公立学校における人種差別に違憲の判決を下した。南北戦争によって解放された黒人は、戦争直後制定された憲法修正第一四条および第一五条によって、法律的には平等ということになってはいたが、南部諸州では、州法および地方条例によってはっきりした差別待遇が行なわれていた。これらの州法や地方条例が違憲であることはいうまでもないが、法律を違憲として無効にするためには最高裁の判決を必要とした。すでに第二次世界大戦によって、黒人の兵士たちはヨーロッパで白人と対等に闘い、また、国内においても大きな経済の担《にな》い手たる地位を与えられるようになっていた。トルーマン大統領の時代には、軍隊内部の人種差別は消えていた。

一九五四年の最高裁の判決は、黒人、とくに法律によって差別を規定している南部の黒人たちに大きな刺激を与えた。共和党はもちろんのことだが、民主党内にも、北部出身者の中には、黒人の公民権獲得にはっきりした態度をとるようになってきた。ケネディは、この問題について、民主党大統領として、初めてはっきりした態度をとった大統領だが、一九五六年に早くも「民主党はこの問題についてあいまいな態度であってはならない」と言明している。

一九五七年の公民権法は、学校での差別廃止やその他の公民権事項を実施させる権限を司法長官が出せるようにしようとした第三項は否決されたが、黒人が投票権を認められないような時には司法長官がこれに介入できるようにし、また司法省の公民権に関する課を部に昇格させた。次いで、一九六〇年に通過した公民権法は、投票の際の司法省の権限をさらに強化したものであった。

このような動きの中で、黒人たち、および黒人に同情的な白人たちは活発な差別待遇撤廃の運動を始めた。一九五五年から五六年にかけて、アラバマ州モントゴメリーでは黒人のバスボイコットが行なわれた。これはバプティスト教会の黒人牧師マーティン＝ルーサー＝キングを指導者として、非暴力の抵抗という形で行なわれた。一九六〇年二月、ノースカロライナ州のグリーンズボローズで黒人学生がランチ‐カウンターで食事をするのを断られ、かれらは、座り込みという新しい抵抗手段をとったので有名となった。

これらの運動は、長い伝統を持つ全米黒人向上協会（ＮＡＡＣＰ）のほかに人種平等会議

（CORE）、それに急進的な学生非暴力調整委員会（SNCC）など新しくつくられた団体が加わり、白人社会の間でもこれを支持するものがふえていた。

### ❖黒人問題ととりくむ

すでに述べたように、ケネディは一九五〇年代から公民権運動に協力を惜しまなかった。しかし、多くの公民権運動の指導者は、ケネディに関心を示さず、一九六〇年の選挙に際してはハンフリーかスティーブンソンを大統領候補にと希望していた。ケネディは、公民権の問題にたいしてくわしくないので、選挙運動のスタッフの一人となっていたノートルダム大学法学部のハリス＝ウォフォードにこの問題に専念してもらうよう依頼した。ウォフォードは、ケネディと黒人指導者たちとの会合を何回も準備した。また、民主党大会で、かれは強力な公民権に関する綱領をつくることを主張した。選挙戦では、ケネディははっきりと公民権問題をとりあげた。しかし、この問題でケネディ支持は大きくもり上がったというほどではなかった。

しかし、選挙戦が終盤に近づいたころ、一つのできごとが起こった。ジョージア州アトランタリッチというデパートで座り込みをしていたキング牧師が逮捕され、他の五二名の黒人たちは釈放されたのに、キング牧師だけは重労働四か月を宣告され、州刑務所に収容された。ウォフォードからこの事件の報告を受けたケネディは重大な決断を迫られた。すなわちキングを支

ケネディはキング氏（左から２人め）などの黒人指導者と会った

持して南部白人の票をあきらめるか、あるいはその反対の道を歩むかということであった。ケネディは決心し、キング夫人に激励の電話をかけ、選挙の総指揮をとっていた弟のロバートは、ジョージア州知事に電話でキングの釈放を求め、まもなくこれが実現された。この事件を契機に、キングはニクソン支持からケネディ支持に変更することを表明した。このことは、いろいろな手段を通じて黒人社会に知られていった。選挙当日ケネディは圧倒的な黒人票の支持を受けた。ギャラップは六八パーセント、ハリスは七八パーセントという数字を出している。もし、黒人の支持を受けなかったならば、ニクソンは投票の五二パーセントをとっていたであろうし、ケネディはイリノイとミシガンをとることはできなかったであろう。これを失っていれば、ケネディは明らかに敗北していたのである。

当選したあと、ケネディは大統領就任までの間に、たびたび黒人指導者と会合を重ねてこの問題についての理解を深めながらも、黒人を中心とする公民権運動が暴走しすぎて、逆効果を招かないように、これを統制する必要を感じていた。ケネディがこのように感じたのは、一九五四年の最高裁判決以来の紛争に共感し得なかったからである。

大統領に就任したときも、議会の顔ぶれから見て、新しく公民権法案を提出しても通過する見込みはないと判断し、そればかりか、問題の多い公民権法案を出せば、議会は紛糾して、他の重要なニューフロンティア諸政策の成立が危ぶまれると考えたのである。

## ❖差別撤廃への第一歩

そこでケネディはまず行政面で黒人の差別待遇撤廃を実現しようと試みた。第一に、連邦雇用に関する行政命令によって、積極的に連邦政府に黒人を登用した。それにはどんな小さな機会でもとらえ、人種的偏見をとりのぞくことに努力した。大統領就任式に出る沿岸警備隊のパレードに初めて黒人を参加させたのもその一つの表れであった。

また、南北戦争一〇〇年記念会が、サウスカロライナのチャールストンでの会期中、その委員たちのために準備された宿舎が人種によって隔離されたのを知り、差別のない海軍の敷地内でその会を開かせるよう手配した。

住宅局長官には、黒人のロバート=ウィーバーを任命し、ＡＦＬ－ＣＩＯのジョージ=ウィーバーを労働次官補とし、二人の黒人新聞記者を広報担当の国務次官補佐代理に、ジョン＝ダンカンをコロンビア特別行政区の最初の黒人長官にそれぞれ任命した。さらに、黒人の外交官クリフトン＝ウォートンがノルウェー大使となった。一〇月には、サーグッド＝マーシャルを第二巡回裁判所判事に任命した。中級程度の公務員職についている黒人の数は、一九六一年六月から六三年七月にかけて三六・六パーセントも増加し、上級職では同じ期間に八八・二パーセントも上昇したのである。

第二に、ケネディは政府雇用委員会と、政府契約委員会とを結びつけ、大統領直轄の平等雇用機会委員会として発足させ、副大統領ジョンソンにその運営を委《ゆだ》ねた。

第三に司法省による公民権活動を活発にした。ロバート＝ケネディは、バーク＝マーシャルを公民権担当の司法次官補に、ジョン＝サイゲンサラーを特別補佐官に任命したが、この有能な黒人二人は南部諸都市を訪問し、司法省としては共学問題よりも黒人の投票権を啓蒙するための訴訟を起こし、黒人の潜在投票を生かす方法を真剣に検討し始めた。ミシシッピ州などは、全人口の黒人の比率が四二パーセントを占めているのに、投票登録者の比率はわずか七パーセントに過ぎなかった。もし人口に比例した投票が行なわれるようになれば、南部では、黒人が選ばれたり、または、黒人のことを考慮するような人でなければ当選できなくなるわけだ。そういう雰囲気をつくり上げた上で、公民権法案を議会に提出すれば、通過させることは容易であると考えたのである。一九五七年と六〇年の公民権法は、黒人の投票権を認めなかった場合に、司法長官に介入の権限を与えたものであったが、アイゼンハウアー政府はわずかに一〇件の訴訟を起こしたにすぎず、ミシシッピ州にはまったく手をつけなかった。しかし、ケネディの時代になると、一九六三年中ごろまでに四二件の訴訟を起こし、そのうち八件はミシシッピ州のものであった。

## ❖南下するフリーダム-ライダーズ

しかし、ケネディの考え方は、公民権指導者たちには生ぬるいものと映り、かれらはそれぞれ自分たちの目標に向かって、いっそう激しい活動をつづけた。一九六一年五月から始まった「自由のための乗車運動」ははじめ人種平等会議で計画したものであった。いくつかのグループを南部に派遣して、各州にまたがるバスのターミナルのレストラン、待合室、便所などでの差別待遇に挑戦した。北部から出発したかれらは、途中の南部諸州で妨害を受けながらもアラバマ州に到着した。ここでは白人の暴徒が襲ってきて、フリーダム-ライダーズは大きな打撃を受けた。学生非暴力調整委員会やキングの指導する南部キリスト教指導者会議もアラバマに向かって、ライダーズを送り、今にも大暴動が起こりそうな気配となった。司法長官も、大統領も、州知事に交渉しようとしたが、州知事はこの呼びかけを断った。五月二〇日、一〇〇〇人にもおよぶ暴徒の集団が、棍棒とパイプをもって、フリーダム＝ライダーズを襲い、司法長官が現地へ派遣したジョン＝サイゲンサラーも殴られ意識を失うという有様だった。州知事が保証したにもかかわらずアラバマ州は明らかに秩序を維持できないような状態だったので、司法長官は六〇〇人以上におよぶ連邦保安官代理をモントゴメリーに派遣した。ライダーズのバス旅行はさらに継続され、ついに一〇〇〇人をこえる人たちがこれに参加するようになった。司法長官は、すでに州際通商委員会に、州から他の州にまたがるバス旅行の際使われるすべての設備において、差別待遇をやめるように求めた法律を発効させるよう依頼していた。九月二二日、州際通商委員会は命令を出した。二、三の市がその地方の法律を口実にして命令に従えないと主張すると、司法省は直ちに提訴した。やがて南部のターミナルは、白人にも黒人にも同じ条件で解放されるようになった。

一九五七年に組織された公民権委員会も、このころになって、投票権の問題について、司法省と協力して積極的な活動を始めた。しかし、この問題は教育、雇用、住宅、裁判などについての不平等をも関連するものだった。一九六一年に出されたこの委員会の報告書に述べられた勧告の主なものは、大統領は住宅問題についての人種差別を禁止する行政命令を出すことであった。これは連邦から融資を受けた住宅だけに限らず連邦預金保険会社がその預金を保証している銀行が行なっている月賦住宅活動まで含めることであった。

一方、公民権運動のグループは、住宅問題についての行政命令を出して欲しいと強力な圧力をかけてきた。ケネディはこういう手紙を数千通も受け取った。しかし、かれは、黒人のロバート=ウィーバーを長官とする都市郊外省を新設するため議会の支持を必要としていたため、その命令を出すことを延期することにした。これは、公民権指導者たちにとって大きな不満であった。それにもかかわらず黒人社会全体としては満足しており、ケネディの人気は依然大きいものであった。

## ❖黒人を阻むミシシッピ大学

一九六一年一月二〇日、ケネディの大統領就任演説をきいて感激したジェームズ=メレディスという黒人の復員軍人が、ミシシッピ大学に入学願書を請求する手紙を書いた。ミシシッピ州のオックスフォードにあるこの大学は、今まで黒人に入学を許可したことがないのでメレディスを拒否した。しかし、メレディスは、ミシシッピ州の全国黒人向上協会理事メドガー=エバーズに励まされ、自分の出願が黒人であるという理由だけで拒否されたのを理由として裁判所に提訴した。連邦地方裁判所で却下されたので、かれはさらに上告した。一九六二年五月第五巡回高等裁判所はメレディスの主張をいれ、下級裁判所の判決の取り消しを命じた。ミシシッピ州知事ロス=バーネットは直ちに声明を発表し、この裁判所の判決に抵抗する意志のあることを表明した。

そこで司法長官は知事に電話をかけ、知事が裁判所の命令に背反しないよう説得した。しかし、ミシシッピ州はすっかり混乱し、バーネット州知事支持、連邦政府反対の空気が強くなってきた。九月二〇日、連邦裁判所の事務官につきそわれたメレディスが、大学の入学手続きをするために、オックスフォードに姿を現すと、学生たちの反対デモが行なわれ、州知事自らメレディスに、入学反対の長い声明文を手渡した。かれは、すでに、九月一八日すべての州の学校は州知事の管轄下にあると宣言し、また、ミシシッピ州議会は、それらの権限を州知事に与え、翌日メレディスの入学を禁止する州法を制定した。

司法省は、これに対抗して、大学当局に対して法廷侮辱罪を適用し、ニューオーリンズの連邦巡回裁判所は、九月二四日、メレディスの入学を許可するよう大学当局に命令した。バーネットは自ら大学の入学委員を任命し、メレディスの入学願書をあくまで拒否させようとした。さらに、バーネットはミシシッピ州官吏を逮捕あるいは罰金に処した連邦政府の官吏を逮捕投獄するよう命じ、強く連邦政府に抵抗した。司法省は、やむを得ず、バーネットに対して直接行動をとることとし、バーネットおよびミシシッピ州官吏にメレディスの入学を阻止することを禁止し、これを阻止する州の禁止命令をすべて無効とした。連邦保安官に伴われたメレディスは九月二〇日から二六日の間に三回も大学構内に入った。しかし、二回はバーネット自身の阻止にあい、一回は副知事の阻止にあった。連邦巡回裁判所はついに、九月二五日、バーネットに対し法廷侮辱罪を適用し、一日一万ドルの罰金を科した。しかし、州知事はすべてのこれらの裁判所の命令を無視した。

九月二七日、メレディスは四たび登録を試みたが、約二〇〇名の州警察官によって阻止された。ケネディはついに最後の手段に訴えた。

## ❖オックスフォードの混乱

九月三〇日、七〇〇名の連邦保安官が動員され、連邦軍に出動を命じてこれをテネシー州メンフィス付近に駐屯させ、ミシシッピ州兵を連邦軍に編入した。その夜、ケネディはテレビを通じて国民に訴え、「わが国は法律を守ることによって自由が永遠に守られるという原則の下に立っている。……アメリカ国民は法律と異なった意見を持つことは自由だが、法律にそむくことはできない。したがって、どのような手段であろうと、必要な手段により、また事情が許すかぎり、なるべく実力を行使せず、混乱を起こさないで、裁判所の命令を実行に移すことが私の義務である」と述べた。

このテレビ放送に先立って、メレディスと連邦保安官たちは、オックスフォードの大学構内に入った。夜になると群衆が集まって来た。酒びんや煉瓦が持ちこまれた。連邦保安官たちが傷ついたが、かれらは一歩も退かなかった。暴徒の数はますますふえ、約二五〇〇人にも達したので、催涙ガスで応戦するようにという命令が下された。正規軍はメンフィスからヘリコプターで移動を開始した。一晩中、混乱はつづき、フランス人新聞記者と市民一名が射殺され、二〇名の保安官と州兵が負傷し、車や建物がこわされた。連邦軍の出動でようやく暴徒は追いはらわれ、オックスフォードの町は平静にもどった。

翌朝メレディスは講堂内の登録係書記の前に現れ、大学の入学手続きをすませた。数週間にわたって軍隊は大学構内に止まり、メレディスが教室に入るときには連邦保安官が同行した。メレディスのこの行動に対するケネディの行動は、世界中に、とくにアフリカに対して大きな影響を与えた。人種差別は明らかにアメリカ合衆国内に厳存してはいるが、政府はこれを制度化しようとしているのではないということが明らかになった。

この事件は、第二次世界大戦後もっともひどい黒人問題をめぐるアメリカの悲劇であった。アメリカ国民は大きなショックを受けた。ケネディのとった態度はなまぬるかったかも知れないが、かれはあくまで法の下で事を進めるという方針をとった。その秋の中間選挙では、民主党が今までよりもずっと多くの黒人票を獲得した。この事件によって南部の人種差別主義者は大きく後退を迫られた。その後一一月二〇日、ついにケネディは住宅問題に関する行政命令を出した。連邦政府が所有しているか、あるいは直接に保証している住宅に関して、わずかに一五パーセントの費用と貸付を居住抵当権所有者に支払うというだけのものではあったが、それでも平等な機会への新しい第一歩だった。

ケネディは、このオックスフォード暴動を機会に、もっと政府が積極的な態度をとらねばならないと感ずるようになった。

## ❖勝利した中間選挙

一九六二年一〇月一三日、第八七議会はその第二会期を終わった。この議会で通過した法案のうち重要なのは通商拡大法であった。これは関税を五〇パーセント引き下げる権限を大統領に与えたもので、このような法案が可決されたのは、ニューディールの至急通商法以来のことであった。アメリカははっきり保護主義をすて自由貿易主義をとったのであった。

失業者を再訓練する三か年計画も承認され、通信衛星を運営する民間会社もつくられた。ケネディが要求した国防費も承認され、余剰農産物を防ぐため生産管理を強めた農業法、住宅法、困窮地域援助、最低賃金の引き上げ、新規企業に七パーセントの所得税信用を与える税法の改正、郵便料金の値上げ、などいずれも実現した。

ただ、社会保障にもとづく高齢者への医療法案は不成立だったし、都市郊外住宅省の新設も拒否され、対外援助も反対され、教育援助法案もつぶされてしまった。

中間選挙のために、ケネディが遊説をはじめたころ、かれの人気は少しばかり落ち目になっていた。中間選挙では与党の議席が減少するのが例であったので、かれは猛烈な勢いで遊説計画を進めた。ペンシルベニア州のハリスバーグでは、ケネディは次のように演説した。

この民主党政権が発足したときには、国民のエンジンは動いていなかった。すべての問題にそれぞれ進歩が見られ、わが国の地位は回復され、わが国はふたたび前進している。総生産高は一〇パーセント伸び、……わが国の勤労男女の賃金俸給は二七〇〇万ドル増し、……わが国財界の収益は二六パーセント増となった。

ケネディのいうことは本当であったが、今までこんな調子で演説したことは一度もなかった。一九六二年の中間選挙で是非とも勝たなければ、ニューフロンティアは重大な危機におちいると考えたからであろう。

一一月七日の朝、ケネディが目をさまして見ると、良いニュースがどんどん入ってきた。民主党の上院の議席は四つふえ、六八となった。下院では二議席を失ったのみで、これは普通の中間選挙と比べると大きなマイナスではなかった。新しい下院議員はケネディ支持が多く、この点でも前の議会よりは、ケネディにとって有利になった。

この選挙で勝った理由は、後述するようにケネディがキューバの危機をうまく処理したことにもあっただろうが、ミシシッピ大学事件を通じて、黒人の投票がふえ、その多くが民主党支持となったこともあげられるであろう。結局、共和・民主両党とも新しい議員には、若手が多く、それだけに、ケネディのニューフロンティア政策の支持者が増加したといってもよかろう。

### ❖「黒人革命」

ケネディは、このような情勢の下で、一般に強い不満があることを認め、自ら進んで新しい法律の制定を要求しようと決心した。一九六三年二月二八日、大統領は議会へ教書を送って、投票権や教育という点についてばかりでなく、雇用や公共の施設などについても、不平等を明らかにした。しかし、実際の勧告は、現在の投票権に関する法律を断片的に前進させたもの、自発的に差別撤廃をするように各学区へ技術的な助言を与えたもの、公民権委員会の発言権を増加させようとしたものに過ぎないとして、公民権運動の指導者を失望させた。

キングは、一九六三年を「革命の年」と呼び、その著『黒人はなぜ待てないのか』の中で次のような革命の条件を掲げている。一九五四年の共学判決によって高まった感情と、その後それが十分に実現されないという挫折感、両政党に対する失望、とくにケネディ施政前半に対する期待はずれ、アフリカ諸国の独立から受けた刺激、奴隷解放宣言一〇〇年、一九五五年以来の非暴力による直接大衆運動。キングの呼びかけに対して、各種の黒人団体は、一九六三年を革命の年にしようとして、いろいろな準備を重ねていた。

もっとも、かれらは失望はしていたが、ケネディに期待をよせていたことは事実である。とくに、司法省は、黒人の選挙権を守るために、一九六一年中に一四件の起訴を行なっており、その他に南部の六一郡を調査中であると報告している。

公民権委員会もかなり急進的な意見を大統領へ答申しており、新しく委員長となったミシガン州立大学総長ジョン゠ハナは、次のような意見をまとめあげている。すなわち、すべての州の市民から集めた合衆国の財源を、人種差別を州法で決めて、憲法を守らない州には与えないようにする法律を制定すること、ミシシッピ州には年額六億五〇〇〇万ドルの援助を与えているが、憲法に従って人種差別をやめるまで、同州から連邦の財源を引き上げること、などである。

政府の態度の変化に力を得たキングは、アラバマ州のバーミングハムを拠点としてデモを行なう計画をたてた。この都市では、学校は完全に差別され、レストラン、便所などははっきり分けられていた。

黒人たちが自分たちの手だけで自発的にデモを行なったのはこれが最初である。キングはまず市当局に差別撤廃の要求を行ない、これが拒否されると、デモを組織した。五月のはじめ、デモは最高潮に達した。警察は犬を使って黒人たちを追い払った。黒人たちが犬に衣服をひきさかれているニュース写真は、全世界の人びとを驚かせた。ようやく、バーミングハム市の指導者たちは、黒人の指導者や司法長官の派遣した人たちと会談を始めた。デパート、雑貨店などのあらゆる公共施設の差別を撤廃し、黒人に均等な就職を与え、デモ中逮捕された黒人を釈放し、人種差別廃止を回避するために閉鎖された公園などを再開することなど、黒人側の要求を、バーミングハム市民委員会はしぶしぶ承諾した。

## ❖新しい公民権法案の提出

バーミングハムの黒人デモが終わると、デモは他の都市に次々に移って行った。ケネディは南部視察の旅に出かけ、テネシー州のバンダービルト大学で演説した。六月九日、ケネディはハワイに飛んで開会中の全国市長会議で、「申しわけ程度の措置やむだ話の時機は過ぎ去り、これらの権利は勝ちとられようとしている」と述べた。

その二日後、ケネディは、ラジオ・テレビを通じて全国民に呼びかけた。アラバマ州タスカルーサで、二人の黒人学生がアラバマ大学への入学を拒否されていたが、ケネディは直ちにアラバマ州兵を連邦軍に編入したので、入学は暴力事件まで発展せずに許可された。

そして六月一九日、ケネディは議会に対して、新しい公民権法案を提案した。それは今までの中でもっとも徹底したものであった。第一に、ホテル、レストラン、娯楽施設、小売店などを含むすべての公共施設における差別の禁止である。第二に、公立学校で差別待遇があった場

全世界の人びとは驚いた……（ＡＰフォト提供）

合、いちいちその父兄からの訴訟によらずに、司法長官に自らこれを裁判所に告発する権限を与えようというものである。このことは、一九五七年の公民権法案のとき、骨抜きにされたものの復活であり、このときケネディは上院議員としてこれを支持したのであった。教育問題が欠けているということは、軍人問題解決を妨げる一つの根本理由になっているとケネディは考え、最高裁判所の判決をいちいち待っていては、あまりに時間がかかりすぎるからであった。

一方、ケネディは黒人運動の指導者たちに対して、暴力行為をともなうデモを行なわないように警告した。黒人たちがもし、議会にデモをかけると、それがためにかえって反対派を硬化させることをおそれたからであった。この法案は、ケネディが生きている間には成立せず、一九六四年七月、ようやく議会を通過して法律となった。しかし、ケネディはこの法案ができるだけ早く成立するよう努力した。アイゼンハウアーに手紙を書き、共和党の支持を要請したり、民主・共和両党の指導者としばしば会談したりした。司法長官のロバートも民主党の上院議員たちに説明会を開いたりした。議会ばかりでなく、教育家、法律家、黒人指導者、婦人団体代表者、実業家、新聞編集者、州知事、市長など、あらゆる分野の人々がホワイトハウスに招かれた。ケネディは法案そのものよりも、法案についての責任について説明した。

メレディスはミシシッピ大学を卒業し、バージニア州のプリンスエドワード郡では公立学校が再開された。一方、マルコムXと称する黒人に指導される急進派は、白人と黒人とは結局融和ができないものだという立場から、アメリカ合衆国の中の数州を黒人だけの州にするよう主張していた。

## ❖ワシントン大行進

キングたち穏健派は、ケネディの提唱した新しい公民権法案を成立させることが、この際もっとも有効であると考え、ワシントン市で大規模なデモを行なうことを計画していた。この計画はすでに六月、キングたちがケネディと会談した際、大統領に通告していた。キングの意図は、ただ黒人革命を調整しようというだけでなく、アメリカ社会を前進させてゆく全体のバランスの中でその運動を考え、進んで黒人たちの指導者たろうとする積極的な姿勢を見せよう

キング氏を先頭にワシントン大行進は続く／腕を組む３名の左端がキング氏（ワイド・ワールド・フォト提供）

というのであった。

ケネディは、ワシントン大行進は、決して国会議事堂に向かうべきではないことを警告し、また、予定の人数がもし集まらないようだと、新しい公民権法案支持が失われるのではないかと心配した。キングたちは、初めは議会に押しかけ、廊下や広間で座り込みを行なうつもりであったが、これを変更してワシントン記念碑前の広場で集会をし、そこからリンカン記念堂まで行進することにした。八月二八日の大行進の日が近づくと、ケネディは反対派が妨害行為に出るのではないかと心配した。このときの情報によると、アメリカ－ナチ党が反対デモを計画し、また、マルコムXらの黒い回教徒たちも反対しているということだった。数千の警官が動員され、ポトマック川の対岸には四〇〇〇人の軍隊が待機した。多くのワシントンの人々は不安を感じたが、ケネディは平常通り執務するといった。

実際に八月二八日の大行進は、ケネディの心配を吹きとばした。白人を混えた二五万と推定される空前の大群衆が、何一つ暴力事件を起こさずに、整然と乱れない行動をとった。この大行進の意義は、一九五五年からのモントゴメリーのバスボイコット事件から始まった非暴力の直接大衆行動が、その後のデモを重ねながら、ついにこの日に至って一つの完成を示したところにあるといえよう。ケネディは、その日、ホワイトハウスを訪れたキングたち黒人指導者をあたたかく迎え、激励した。

世論は、新しい公民権法案に有利に傾いた。しかし、九月に入り、新学期を迎えると、南部白人の敗北感と焦りは、またまた各地で火を吹きはじめた。ウォーレス知事が共学校の閉鎖を宣言したり、バーミングハムでは黒人教会が爆破され、四人の黒人の子供たちが死亡し、二〇数名が負傷したりした。

公民権法案は、予想されたように下院司法委員会で難航し、一〇月ようやく委員会を通過した。しかし、それはケネディが暗殺されるわずか二日前のことであった。公民権法案の可決は、ジョンソンの時代の一九六四年に持ちこされなければならなかった。

# Ⅲ 平和共存への道

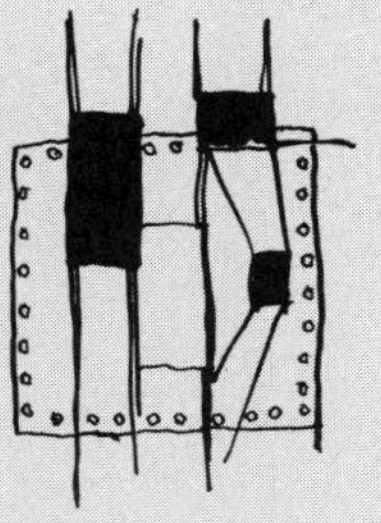

# 平和への試み

## ❖平和とは

冷たい戦争が始まって以来、共産主義と鋭く対立するというのが、アメリカのどの政府もとってきた態度であった。ケネディの場合も力の外交という点では別にかわりはない。しかし、ケネディは、大統領就任演説で共産主義者を〝敵〟とはいわず、〝反対者〟といった。共産主義者が他国へ侵略や破壊活動を行なうことについては強く反対したが、共産主義の発展についてはこれを阻止するとはいわなかった。そして、同じ共産主義国でも、中国とソ連とははっきり区別したし、また、ソ連とユーゴスラビアも区別した。また、アイゼンハウアー時代のように、中立非同盟の国々に対しても、〝中立は不道徳である〟というような態度はとらなかった。

ケネディが目的とするところは、共産主義を打倒することではなく、共産主義との平和共存であった。一九六一年、かれは軍備管理軍縮局という政府機関をつくり、軍縮を大規模に行なうための調査研究を行なわせた。ジュネーヴにおける軍縮会議に提案されたアメリカ案は、きわめて複雑なものであったが、はっきりしたものであった。ソ連は、一般完全軍縮を提唱したが、核兵器の問題で行きづまってしまった。核兵器についての軍縮はアメリカ案の第一歩であった。しかし、ソ連も、アメリカの軍縮案の原則的なことについては受け入れる用意があることを示した。

ケネディの考え方によれば、平和というものは、戦争さえなければそれでよいというものではなかった。共産主義によって引き起こされた不安と闘争から脱して、自由で独立した諸国家による国際社会をつくることが、平和にとって絶対必要と考えた。それには、経済的に進んでいる国々が、欠乏と貧困に苦しんでいる国々を積極的に援助することが、まず重要だと、ケネディは考えた。ケネディは、大統領になる以前に、発展途上にある国々に対する計画を最優先すべきであるとした。

「今日、自由の防衛と拡大のための偉大な戦場は、新興国民の国々、アジア、ラテンアメリカ、アフリカおよび中東である。かれらの革命は人類史上最大のものである。かれらは、不正義、暴虐、搾取に終止符を打とうとしている。かれらはすでにその目的を達したのではなくして、そのきっかけを求めている」とかれは述べている。

それがためには、対外経済援助計画を再検討し、新興の国々の活動を開始させることがまず必要であった。これらの国々が経済的に安定し、近代化すれば、それはアメリカにとっても安全が強化されることを意味した。しかし、開発途上国は、国によってその進歩の程度を異にし、また、それぞれ異なった問題に直面していた。だから新興国の近代化のためには、それぞれの国の資源を開発して長期計画をたてさせなければ、いくら援助しても効果はないと、ケネディは見ていた。

### ❖平和部隊

対外援助計画に対しては、議会でいつも反対があった。しかし、ケネディは国際開発局を新たに設け、今までの軍事援助重点主義を改め、経済援助をふやし、今までの贈与をやめ借款に切りかえた。国連もこの方針を支持した。その他、二つの特別の計画をたてた。一つは〝平和のための食糧〟計画で、アイゼンハウアー時代、ハンフリー上院議員によって提唱されたが、国務省と農務省の意見がわかれたため、実際には行なわれなかったものである。ケネディは、ホワイトハウスに〝平和のための食糧〟計画の事務局をおき、従来の計画を拡大して、多くの食糧を海外の不足している国々に送った。八〇以上の国々が、これによって、学校給食を行なったり、賃金の代わりに食糧で支払ったりすることができた。計画は大成功を収めた。

もう一つの特別計画というのは、平和部隊であった。ケネディはすでにこの計画を選挙運動の最中に発表していた。平和部隊というのは、アメリカの青年男女を、アジア、ラテンアメリカ、アフリカなどの開発途上国に送って、それらの国々の生活の向上や教育の進展に役立たせようという雄大な試みであった。ケネディは、このアイデアをニューディールのときの民間資源保存団（CCC）に求めた。CCCは、大恐慌克服のため、青年を集めて、国内の資源開発に当たらせたもので、ニューディール諸政策の中の成功したものの一つであった。平和部隊はその海外版であった。

ケネディは、平和部隊について「平和部隊の隊員の生活は決して楽ではない。隊員は無給で、基本的必要をみたし、健康を保つのに十分なだけの手当てを支給されるだけである。隊員に駐在する国の国民と生活を共にし、同じ食物をとり、同じ仕事をし、同じ言葉を使う」といった。すなわち、平和部隊はCCCと同じようにアメリカの青年たちに犠牲と奉仕を要求するものであった。この計画がはじめて明らかにされたときには、「文明から遠いアフリカやアジアのジャングルの中で、二年間も働き、大切な青春を棒にふるようなもの好きがあるものか」と笑った人もいた。しかし、「諸君の国が諸君のために何をなしうるかを問いたまうな、諸君が諸君の国のために何をなし得るかを問いたまえ」というケネディの大統領就任演説の言葉は、アメリカの青年たちに大きな勇気を与えた。多くのアメリカの青年たちは、ケネディの呼びかけに応えて立ち上がった。かれらは無気力になっていたのではなかった。かれらに機会と目標を与えるものが今までなかっただけのことであった。

## ❖平和部隊の成功

平和部隊は、初め数百人だったが、後には数千人にふえた。平和部隊は、アメリカが勝手に海外に派遣するのではなく、必ず相手国の要請があって初めて実行されるものであった。それは伸びようとする開発途上国に大きな希望を与えるものであった。しかし、平和部隊が実際につくられるまでに、何も問題がなかったわけではない。進歩派の人々は何かがかくされているのではないかと疑い、保守派の人々がビートニックと夢想主義者の無意味な遊び場だと非難した。共産主義国はアメリカがスパイを送り込むのだといい、中立非同盟諸国の指導者たちもこれに同調した。一九六一年には、議会でも共和党の反対は相当強かった。

しかし、ケネディとケネディの義弟サージェント＝シュライバーは、慎重に計画を練り、辛抱強くこの平和部隊をつくりあげた。シュライバーは、やはり、ケネディと同じように理想に燃え、精力的な活動をする人物であった。ケネディとシュライバーは、平和部隊は政治に無関係だと主張した。国際開発局が平和部隊を利用しようとしたことに対しても、これをはねつけ、独立の事務局を持つ組織とした。

平和部隊の隊員たちは、主として大学生の中から集められ、希望に応じて語学やその相手国の事情を教育し、また、体力づくりをやったあと、受入れ国に派遣された。かれらは開発途上国の青年たちと生活をともにしながら協力して働いた。かれらが実際に仕事をするようになると国内の批判は消え去った。ケネディの言葉どおり、隊員たちの「生活は楽ではなかったが、精神的にはゆたかであった。海外で働く若いアメリカ人は、自由と平和の基礎である人類の生活の向上という大きな仕事に参加しているのだということを、知っているからであった」。

予算は年々増加し、平和部隊を派遣してくれと要請してくる国の数もふえた。ナイジェリアに派遣された女子隊員が、その国のことを悪くいった葉書が拾われて問題になったことはあったが、平和部隊は一般にたいした失敗もなく、また事件も起こさなかった。ある国では、隊員は、その国に赴任しているアメリカの外交官よりも有名であった。かれらは、教師として、医師として、看護師として、土木技師として、あるいは農業指導者として、それぞれの専門の分野の技術を十分身につけており、多くの国々の人々から、尊敬と信頼を勝ち得た。

平和部隊に対しては、ケネディは特別の関心を払った。二年の任期を終えて帰国すると、かれらはホワイトハウスに招かれ、ケネディはいちいち労をねぎらって握手した。一人一人が大使なみに取り扱われたのである。隊員は、〝ケネディの子どもたち〟と呼ばれるようになった。

## ❖「進歩のための同盟」の背景

ケネディは、大統領就任演説の中で、次のようにいった。「われわれの国境の南方にある姉妹共和国に対して、われわれは進歩のための新しい提携によって、自由な国民や自由な政府が貧困の鎖を払いのけるのを助けるという特別の約束をする」と。

「進歩のための同盟」が力強く出発したのは、一九六一年三月一三日のことであった。この日ホワイトハウスに招かれたラテンアメリカ諸国の外交団は、ケネディによって発表されたアメリカとラテンアメリカが協力して進む新しい計画の提案を拍手で迎えた。かれは、「もし、ラテンアメリカ諸国が自分たちの役割をはたす用意があるならば、アメリカはこの大胆な開発計画を成功させるのに十分な規模・大きさを持った資金を供給すべきであると考える。……アメリカ大陸を革命の理想と努力のるつぼに変えようではないか」と呼びかけ、「進歩のための同盟」の構想を明らかにした。一九五八年のニクソン事件以来、アメリカが意識し努力してきた新しいアメリカの対ラテンアメリカ政策がここではっきりと約束されたのであった。

この「進歩のための同盟」の構想が出てきたきっかけは、一九五八年のニクソン事件である。ニクソン副大統領がこの年ラテンアメリカ諸国を訪問したとき、かれに対してはげしい反米感情が示された。これはアメリカ人にとって意外なことであった。アメリカ人の多くはローズヴェルト大統領以来の善隣政策が、依然として有効な役割を果たしていると考えていたからである。アメリカの専門家たちは、戦後のアメリカの経済援助政策の持つ欠陥がこの不満の表れだと指摘し、アメリカがヨーロッパの戦後復興援助にのみ力を注ぎ、ラテンアメリカをかえりみなかったことが問題であるとされた。

一方、ブラジル大統領クビチュックは、アイゼンハウアーに対し、パン-アメリカン-オペレーションを提唱し、ラテンアメリカの経済・社会開発の必要性を主張した。ラテンアメリカ側の不満は、明らかに経済問題が中心であった。ラテンアメリカは、つねにその主要輸出品である第一次産品の国際価格安定措置と、ラテンアメリカ諸国のみを対象とする国際金融機関の設置を強く要請していた。アメリカはこれに対しまったく関心を示さなかった。アイゼンハウアーはラテンアメリカへの援助政策を民間投資の安定化に求め、民間投資がラテンアメリカの経済開発に重要な役割をはたしうると考えていた。このようなアメリカ側の態度に対する経済的不満に加えて、反共を掲げる独裁政権を援助するやり方、あるいは文化的・人種的差異、行動様式、思考方法、発展の格差などいろいろな要因が、反米感情の爆発となったのであった。

アイゼンハウアーはこれらを深く反省し、まず一九五九年二月、経済・社会開発資金として五億ドルを全米開発銀行を通じて提供することになった。全米開発銀行は同年四月、設立された。

## ❖「進歩のための同盟」の設立

ケネディが、アメリカの対ラテンアメリカ政策に関して新しい構想を発表したのは、選挙戦の最中であった。一九六〇年一〇月一八日、フロリダ州のタンパで行なわれた演説の中で、「ローズヴェルトの善隣政策は、ラテンアメリカの問題にたえず関心を払ったからこそ成功したのである。われわれは過去八年間そのような関心を払わなかった。……われわれの新しい政策は『進歩のための同盟』でなければならない。この同盟は共同してラテンアメリカの資源を開発し、民主主義を強化して各人の職業と教育の均等を広げようとする共通の関心を有する国々の結びつきである」と述べた。このタンパ演説におけるケネディの提案は、前述の大統領就任演説となり、これは一九六一年一月三一日に提出された一般教書の中で五つの具体的提案となって現れた。すなわち、(1)一九五九年二月のボゴタ議定書で約束した五億ドルを米州の健全な発展のための第一歩として議会が全額支出を承認すること、(2)米州に関係あるすべての政策を最高水準で調整するため国務省の指導下に新しい各省間作業委員会を設けること、(3)米州機構におけるアメリカ代表が他の加盟国代表と協力し、米州機構を西半球における平和維持と外国支配の阻止の手段とするため強化すること、(4)他国と協力の上、西半球の文盲と教育の機会不均等を撲滅する運動を起こすこと、(5)アメリカの大量の余剰農産物を西半球の困窮地域における飢餓、栄養失調の絶滅に役立たせる方法を検討するために直ちにラテンアメリカ諸国に平和のための食糧使節を派遣すること、であった。このような方針が具体化されたのが、先に述べた三月一三日の発表であった。

一九六一年八月、ウルグワイのプンタ−デル−エステにおいて、アメリカ合衆国とラテンアメリカ一九か国は米州経済社会理事会特別会議が開かれ、「進歩のための同盟」実現のための具体的な諸問題が討議された。会議は、具体的措置の立案と、ラテンアメリカ諸国間の開発計画の調整および協力方法を協議するため四つの委員会を設け、それぞれの決議案を全体会議で採択した。米州諸国民に対する宣言、プンタ−デル−エステ憲章およびその他の付帯決議が採択されたが、キューバは一つの付帯決議に賛成した他はすべて反対あるいは棄権した。プンタ−デル−エステ憲章は、「進歩のための同盟」の骨格ともいうべきもので、ラテンアメリカ諸国はそれぞれ長期開発計画を立案してラテンアメリカ社会の革命的な改造と自給自足が可能な経済成長を達成するための努力を行なう義務を負うことになった。

具体的には、国民一人当たり年間所得を最低二・五パーセント引き上げること、文盲の撲滅、農地改革と農業の生産性の向上、工業化の促進、地域経済の総合化、輸出品の多様化と輸出品価格の安定化、所得分配の均等化をめざす財政改革、住宅の建設、公衆衛生の向上などを含んでいた。

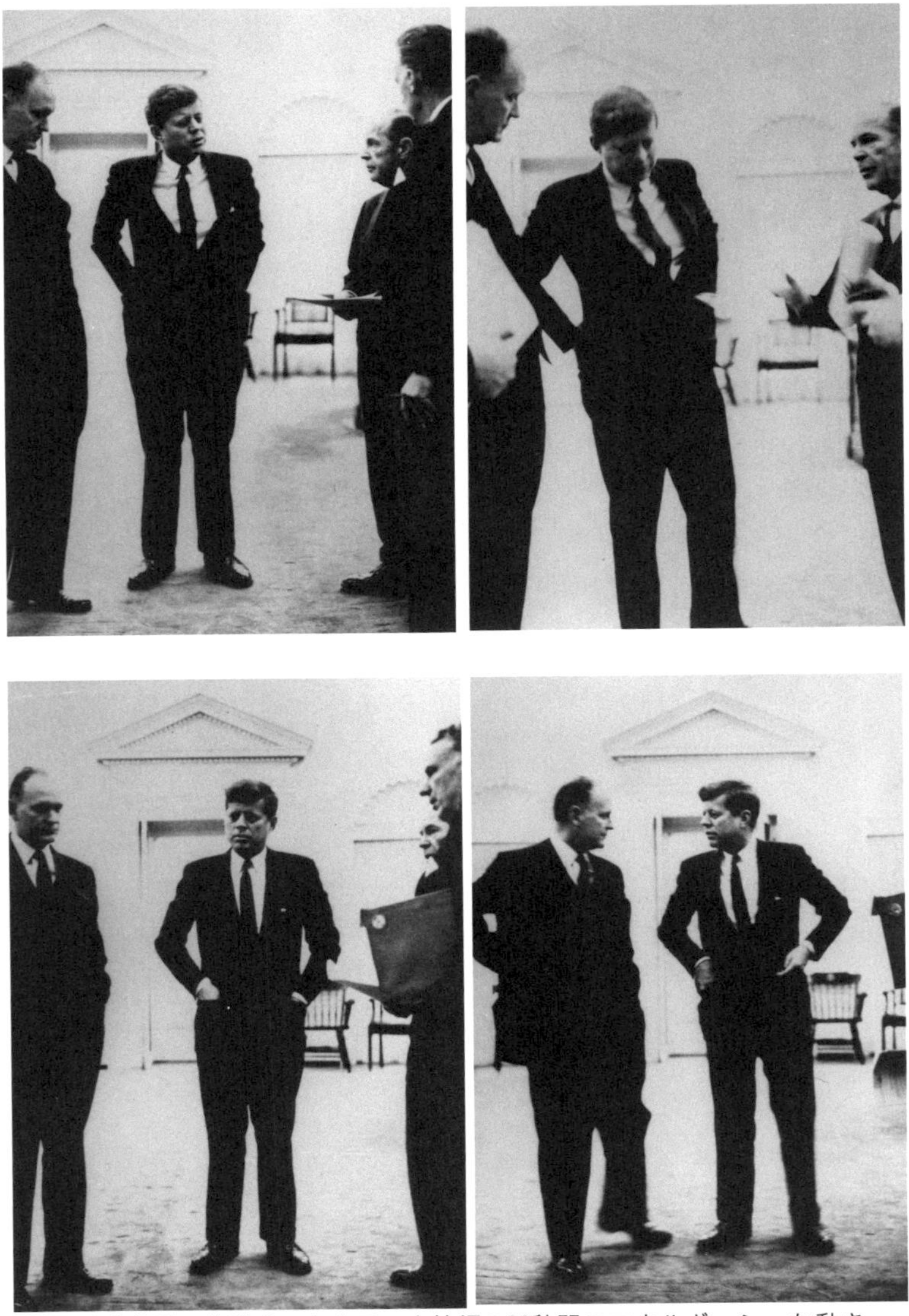

政府首脳と協議するケネディ大統領の90秒間のエネルギッシュな動きをカメラはとらえた

## ❖「同盟」に対する困難

一方、アメリカ合衆国は、この計画を実行するため多額の資金援助を約束した。このアメリカの資金をはじめ、世界銀行、全米開発銀行などの国際金融機関およびその他の国々の公的資金と域外からの民間資金の参加を加えると、ラテンアメリカに与えられる資金は、一〇年間に最小限二〇〇億ドルに達するわけであった。

「進歩のための同盟」の出発ははなばなしかった。しかし、実際の発足には時間がかかった。それにはいろいろ理由があった。その中で最大のものは、ラテンアメリカ諸国の多くが、このぼう大な社会改革の計画をどこから手をつけてよいか判らなかったことにある。アメリカに比べて、幼児の死亡率は四倍、生存年齢は三分の二以下、一人当たりの生産は九分の一以下、平均五〇パーセントの文盲――このような状態では、社会改革をやろうという知的雰囲気がまったく見られなかったのである。一方、インフレはひどく、都市のスラムは不衛生であった。人口の二パーセントにしか当たらない金持ちたちが、富の五〇パーセント以上を所有し、政治や経済に権力をふるっているありさまであった。ケネディが心配したのは、ここで平和的な革命が行なわれなければ、やがて暴力革命がやって来るであろうということであった。

もう一つのラテンアメリカでの困難は、軍部による政権打倒が各国で起こったことである。

ラテンアメリカでは、軍部が政治に介入し、軍部に反対する政府は武力で打倒されたり、軍部が気にいらぬ人物が大統領に選ばれると軍部自身が政権を奪うようなことが、しばしば行なわれてきたのである。ペルーでは、アプラ党のアヤ＝デ＝ラ＝トルレが大統領に当選したにもかかわらず、かれに反対する軍部がクーデターを起こして軍事政権を立て、改めて選挙のやり直しを行なった。このような軍部のクーデターに対してアメリカは強く反対したのであった。

アメリカは援助の約束を怠ってはいなかった。「同盟」成立第一年目から第三年目までに承認された民間資金の形による援助総額は約三三億五七〇〇万ドルに達した。実際に支出されたものは二四億二四〇〇万ドルで目標を二〇パーセント下回ったが、これはアメリカ側の要請する条件をラテンアメリカ側が満たさなかったために支出されなかったことによるものであった。

「同盟」成立後三か年の実績をながめてみると、満足すべき経済成長率を示したのは、ベネズエラ、ペルー、メキシコ、ボリビア、エルサルバドル、ニカラグアの六か国のみで他の一三か国は思わしくなかった。とくに、アルゼンチンとブラジルはマイナスの成長率を示した。開発のための長期計画も義務づけられているにもかかわらず、立案されたのはわずかであった。

### ❖シアップの成立

発足して一年、期待し得たほどの成果をあげられなかった「進歩のための同盟」は、合衆国側からも、また、ラテンアメリカ側からもいろいろの不満を生じていた。合衆国側からいわせると、ラテンアメリカ側の開発計画および社会改革案の実施や自己資金の動員など、いわゆる自助の努力が不十分であるというのに対し、ラテンアメリカ側の不満は、合衆国の援助が合衆国のイニシアティブによる二国間援助の形をとっており、開発の要所に効果的な援助資金の配分がなされていないというのであった。こうした批判は一九六二年一〇月、第一回同盟年次会議がメキシコシティが開かれた際明らかになった。その結果、会議は、同盟の活動を具体化する方策の検討をクビチェック元ブラジル大統領とカマルゴ元コロンビア大統領に委嘱した。二人は一年間検討した結果、一九六三年一〇月サンパウロで開かれた第二回同盟年次会議で、同盟をラテンアメリカ側の立場に立って総合的多角的見地から開発するための機構とし、そのために調整的機能を有する機関を新しく設けるべきことを勧告した。会議はこの勧告を採択し、米州機構の常設委員会の一つである全米経済社会理事会の常設下部機関として「進歩のための同盟全米委員会」(CIAP)をつくることが決定された。シアップは同盟の活動を促進するための調整や勧告を行なう機関で、(1)ラテンアメリカ各国が提出する開発計画をラテンアメリカ全体の見地から調整し、(2)開発に必要な資金の算出および確保とその配分、(3)毎年定期的に各国経済情勢を回顧して勧告する、(4)ラテンアメリカの種々の地域的機関を十分に活用しかつ協力せしめる、などを主な役割としている。

シアップの成立に対して、合衆国はこれを同盟の中心的機関として非常な期待をかけた。事実、シアップは、一九六四年後半になって「進歩のための同盟」がようやく活気をとりもどす原動力となり、関係各国から大きな好感をもって迎えられた。これまでは調達された資金をラテンアメリカ諸国間でいかに分配するかについて、合衆国と分配の少ない国との間に摩擦を起こし、不満の原因となっていたが、シアップという機関によってこの分配の問題は解決され、それだけにラテンアメリカ側の不満は少なくなったわけである。また、このようにして合衆国とそれぞれの国との間で交渉するのではなく、多国間的な方式で分配が決定されることになった。このことはラテンアメリカにとっては、かつて経験したことのない自主的な活動といわなければならない。

シアップは、一九六四年三月、ケネディが暗殺されたあとで正式に発足したが、ケネディの意図したラテンアメリカの自発自助的な開発と社会改革は、このようにしてようやく実現を見たのであった。

# キューバの危機

### ❖キューバのミサイル

一九六二年八月二〇日、ケネディは、その前日多数のソ連の武器やソ連人の技術員がキューバに入ったという情報を受けとった。すでに七月二日、キューバの陸軍長官ラウール=カストロがモスクワを訪問していたが、ソ連の核ミサイルをキューバに設置するという取りきめができたことは、ケネディは何も知らなかった。それまで、ソ連は自国以外のどの国にも核ミサイルを装置させたことはまったくなかった。なぜ、ソ連がキューバにミサイルを送ることを決定したかは、今なお不明である。公式の発表としては、一九六二年一二月にフルシチョフが「われわれはキューバ政府の要請に基づいて、兵器を運搬した……われわれの目的は、ただキューバを防衛することにあっただけなのだ」と説明されているだけである。しかし、キューバを防衛するためだけなら、長距離核ミサイルをキューバに持ち込むことは不必要である。やはり、それはキューバのためではなく、ソ連のためであったと考えるべきである。

アメリカの情報関係者は、ソ連がカストロを存続させることはソ連にとって大きな利益であると考えた。それによって西半球のソ連の橋頭堡をつくり、ラテンアメリカにおけるカストロの威信を強化して、アメリカの無力を世界に示そうとしたのであった。ピッグス湾事件の思い出が残っている間に、カストロが次の侵入に備えて防衛を強化することに合衆国は反対することができないことを、ソ連は計算に入れていた。しかし、兵器が送られて来ても、それは防衛兵器の範囲を越えることはないものと判断されていた。

キューバに対する空中偵察は、それまで月二回行なわれていたが、八月二七日からは毎日となった。アメリカに避難して来たキューバ人がキューバでソ連の地対空ミサイルを見たといううわさも流れて来た。議会の強硬議員たちは、ソ連がキューバを軍事基地化しようとしているのだと考え、キューバに侵入せよとか封鎖せよなどといってきた。一一月には中間選挙を控えているので、この問題はケネディにとっても、合衆国にとっても重要であった。

ピッグス湾事件以来、ケネディは、キューバを孤立させる方針をとってきた。一九六二年一月の米州機構会議では、キューバを除名し、米州機構加盟国の対キューバ武器輸出を禁止する決議が可決された。アメリカは、食糧と医薬品以外の輸出を全面的に禁止し、またキューバの物資を合衆国に持ち込むことも禁止していた。

八月に入っても、ケネディの関心は、むしろベルリンにあった。キューバの情勢については、八月二九日の記者会見で、キューバに侵攻することには反対であるが、キューバに何か起こるかということについては最大の関心を払うと述べただけであった。

## ❖攻撃用ミサイルの設置

しかし、その日アメリカのU2型機は、地対空ミサイル、沿岸防衛用のミサイル装備の水雷艇、それに軍事要員が増加したことをはっきり示す写真をとって来た。問題は、このミサイルが防御用のものか、それとも攻撃用のものかということであった。地対空ミサイル基地は攻撃用ミサイルを援護するためにつくられたのかもしれなかった。ケネディはモスクワに警告を出そうと決心した。九月四日国務長官はその警告の原案を提出した。ケネディはそれをロバートに見せた。ロバートは、われわれは攻撃用兵器の導入を黙って見ているわけにはいかないというはっきりした表現を加えるよう進言した。修正されたその原案には、われわれは「キューバ人の手によるものであれ、ソ連の指令によるものであれ、重大な攻撃能力」の証拠をまだ握ってはいないが、万一、確証を握ったときには、「容易ならぬ問題の発生することになろう」と述べられていた。

ケネディは九月一三日の記者会見で「キューバにおける共産側の軍事増強がどのような形に

キューバ首相カストロは熱狂的に叫ぶ

しろ、アメリカの安全を脅かすとか、アメリカの安全の障害になるならば、……あるいは、キューバかソ連にとって相当の能力を持つ攻撃的軍事基地になるならば、アメリカは自国の安全と同盟国の安全を守るために、やらなければならないことはやるであろう」と声明した。一方においてケネディは、予備兵力の非常招集権を、議会に要請した。

やがて、それが明らかになるときがきた。一〇月一四日の朝早く、U2型機が高空からミサイル発射場などを撮影した。写真は、キューバ領内の大型ミサイル運搬車八台とミサイル発射台四基をはっきりと示していた。

一六日の朝早く、ホワイトハウス幕僚のマックジョージ＝バンディが報告のため大統領の室へ入って行ったとき、ケネディは朝食をとっていた。ケネディはその証拠は何かと質問したが、それが確かなものであることを知ると、合衆国はこの威嚇を終わらせなければならない。そのためには、ミサイルを取り除かなければならない、と言った。直ちに、低空飛行の写真をとらせることを命じ、最高幹部たちの会議を招集させた。

　その会議は、その日の午前一一時四五分に始まり、時々休みながらも、その週いっぱいつづけられた。この会議はまったく秘密裏に行なわれた。ラスク国務長官、マクナマラ国防長官、

マッコーン中央情報局長官、ロバート＝ケネディ司法長官、ディロン財務長官、それにバンディ、ソレンセンなどホワイトハウスのスタッフが集まった。
　事は重大であった。第三次世界大戦が起こり、世界の文明が破滅の危機におちいるかもしれなかった。会議の前に、ケネディは、写

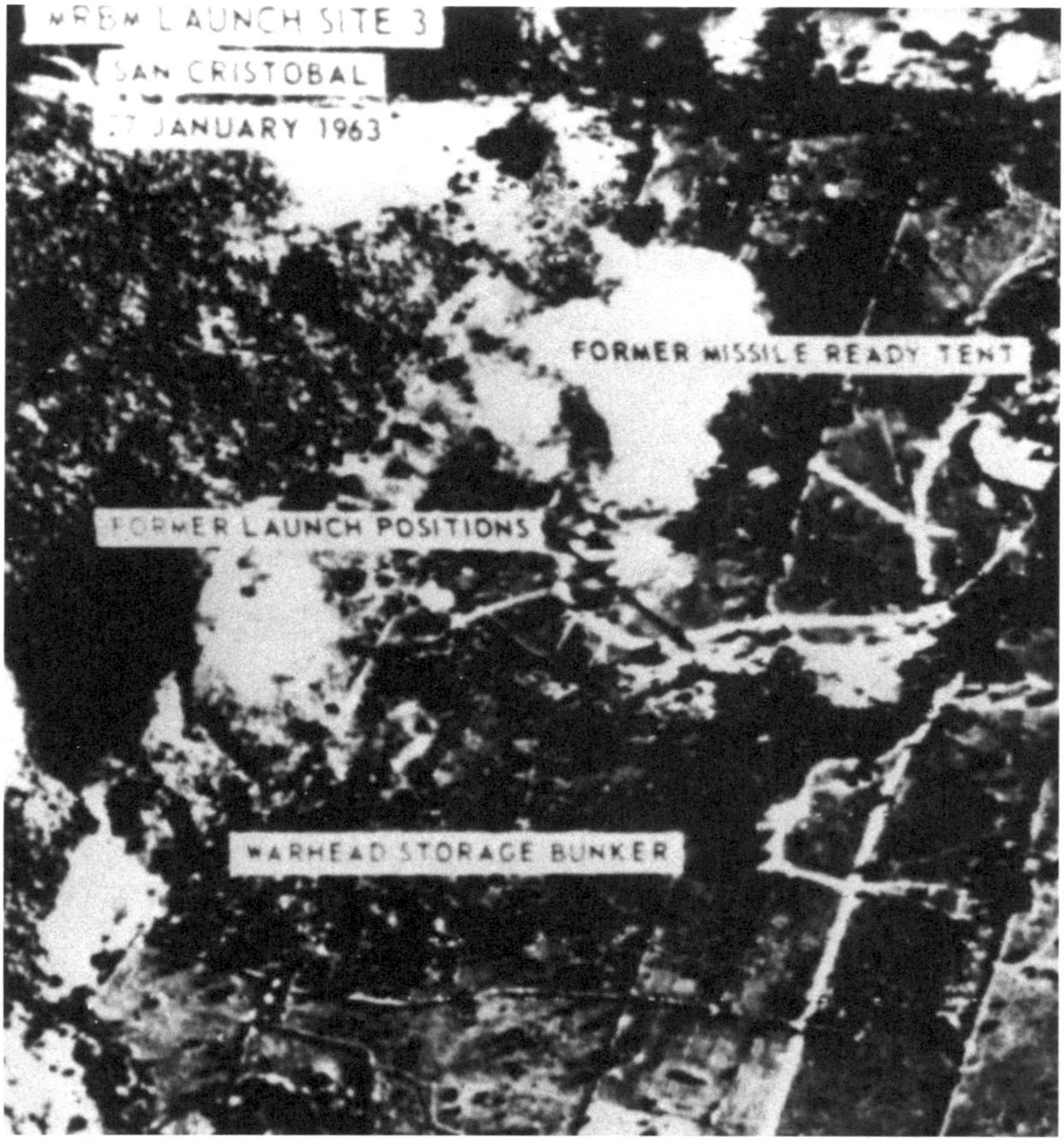


キューバのミサイル基地の航空写真／ＦＯＲＭＥＲはソ連の中距離ミサイルの愛称（ＵＰＩ-サン共同提供）

真を見て、説明をきいた。もはや疑いもなく、ソ連のミサイルは攻撃的なものであった。

### ❖アメリカの態度

ケネディは、さしあたり、三つの指令を出した。まず、事実をもっとはっきりさせるために、もっと偵察して写真をとることを命じた。第二に、この会議に出席している全員は他の仕事をやめて、この問題だけに集中して、機敏に徹底的に検討せよということだった。第三に、事実を公表し、アメリカ政府の態度を発表するまでは絶対に秘密を守れと命じた。それからの一三日間、会議はのべつにつづけられた。これらの会議の場所は、ホワイトハウスばかりでなく、国務省でも国防省でも行なわれた。会議では、あらゆる角度からすべての可能性が検討され、議論された。秘密保持のために部下が使えないので、高官たちは生活が平常どおり行なわれているような態度を示しながら、自ら動きまわらなければならなかった。幸いにも、記者団は中間選挙のほうに熱中していて、これらの高官の特別な動きに気がつかなかった。ケネディ自身も、いつものように仕事をし、晩餐会に出席し、予定されていた選挙応援演説に出かけて行った。秘密がもれて、国民に不安を与えることを極力さけるためであった。

その後の偵察によって、発見されたミサイル基地は六か所になり、建設工事は急ピッチで進められていた。中距離ミサイルをすえつけるための整地作業も三か所で行なわれていた。もし、中距離ミサイルがすえつけられると、射程二二〇〇マイルだから、アメリカ合衆国のどの地点にも届き、また、ペルーのリマもこの射程距離内に入ることになるわけだった。

ケネディは、アメリカがこのような事実を知ったことにソ連が気がつく前に、そしてまた問題が国民にもれないうちに、なんらかの手を打つ必要があると考えていた。そのためには、なぜソ連がキューバに攻撃用ミサイルを持ち込むようなことをしたか、その真意をつかまなけれ

緊迫した状況のなかで首脳陣の会議はすすめられる／正面左：マクナマラ国防長官

ばならなかった。会議でもこの問題はもちろん討議された。まず考えられることは、フルシチョフがアメリカ国民は核戦争をしないであろうと信じて、アメリカの意志をテストしてみるつもりだということであった。もし、アメリカがこれにこたえてキューバを攻撃したら、同盟国は分裂し、ラテンアメリカの対米感情は悪くなり、ソ連はベルリン問題で有利になるからだという考え方もあった。もちろん、キューバがソ連の衛星国として行動すれば、ソ連は有利であり、中国に対しても優勢を保つことができるという見方もできた。また、ソ連のミサイルと交換に、アメリカの海外基地の撤廃やベルリン問題の解決を迫る材料になるからだという意見もあった。

ミサイルが発射台の上で準備を完了するまでには、まだ一〇日間はあるだろうと会議は推定した。しかし、一〇日間という切迫した期限の間にはっきりアメリカは態度を決めなければならなかった。

## ❖対策の決定

皮肉なことには、一八日の午後、ケネディはソ連のグロムイコ外相と会談することになっていた。これは国連に出席するためアメリカに来ていたグロムイコがモスクワに帰るので、ケネディのほうからあらかじめその前に会いたいといっていたものだった。予期されたこととはいえ、とくに緊張した会談であった。このとき、ケネディはキューバにソ連の核ミサイルがあることを知っていた。グロムイコもまた疑いなくそのことを知ってはいたが、ケネディがすでに知っていることに気がついてはいなかった。会談では、グロムイコは、ベルリン問題を強調し、この秋に要求をつきつける理由を準備しているような様子だった。話がキューバのことにふれると、グロムイコはキューバに対するアメリカの侵入にキューバ人が脅威を感じていることを強調し、ソ連のキューバに対する援助は、ただキューバの防衛力に役立たせるという目的を持っているだけだといった。そして、もしそうでなかったら、ソ連がそのような援助を与えるはずがないと述べた。ケネディはグロムイコに対し、自分がミサイルのことを知っていることを気づかれたくなかったので、それ以上のことにはふれなかったが、ベルリンとキューバにおけるソ連の行動には関係がないことをつきとめた。

その夜、ケネディは実行委員会に出席した。アメリカのキューバ問題に対する対策として次の六つのことが会議で討議された。
(1)なにもしない。
(2)ソ連に外交的圧力と警告を与える。
(3)カストロと内密に接触する。
(4)封鎖手段によって間接的な軍事行動を始める。
(5)ミサイルだけとか、他の軍事目標を対象とした空爆を行なう。
(6)侵攻する。

第(3)の方法以下は、みな多くの危険性をともなうので、第(2)の方法がもっともよいと考えられた。しかし、ケネディは断固として第(2)案を退けた。それはソ連が攻撃用ミサイルをキューバに置くことを認めることになるからであった。ケネディは、封鎖という考え方にひかれていた。封鎖ならば、戦争をさけられるし、柔軟性もあり、フルシチョフにその行動を再考させるだけの時間を与えることにもなった。そしてまた、この案ならば、米州機構とリオ条約の枠の中で事を運ぶこともできた。封鎖はまた状況に応じて武力を強化するという形をとることもできた。もし、うまく行ったら、ソ連は威信を傷つけられずに撤退できる。うまく行かなくとも、アメリカにはまだ軍事行動をとる選択権が残っている。要するに、封鎖は、一歩一歩効果を確かめながら進むことも可能だから、将来調節ができる方法だ、と考えられた。

## ❖「封鎖」実施に決定

このような検討の結果、封鎖案が実施されることになったが、実際に封鎖するのは攻撃用兵器だけとされた。封鎖は技術的には戦争行為であるが、これならば他の国を怒らせて戦争に持ち込む可能性はあまりないと判断されたからである。もちろん、これが実施されたとき、ソ連がどう反応するかも十分検討された。このケネディの決定は一八日に行なわれた。

この決定をカムフラージュする目的もあって、ケネディは予定どおりオハイオ州とイリノイ州の週末の地方遊説のためにワシントンを離れた。この間も委員会は開かれていた。決定にはすでに到達していたけれども、委員の何人かが封鎖が不適当であるといいはじめたからであった。ケネディは二〇日の午後、風邪と称して、シカゴからワシントンに帰って来た。その日の午後二時半、国家安全保障会議が正式に招集された。そして交通遮断を行なうことに最後的決定が行なわれた。このころになると、なんとなく高官の動きがワシントンの新聞記者に感ずかれ、ケネディの秘密保持も限度に達したように見えた。その翌日の日曜日もホワイトハウスは多忙をきわめた。

二二日の月曜日、ケネディは電話で、フーヴァー、トルーマン、アイゼンハウアー三人の元大統領と相談した。会議はいくつもひっきりなしに開かれ、閣議も招集された。しかしケネディは冷静だった。四時にはウガンダのオボラ首相とも儀礼的会見を行なった。四五分間、ケネディはこの世界にずっと何事もなかったような態度で、アフリカとウガンダの問題について語り合った。

五時には、ケネディは議会の指導者たちに会った。かれらは、空軍機でそれぞれの州から飛んで来た。ケネディはU2型機のとった写真を見せ、これからしようと思っていることを語った。ジョージア州上院議員のラッセルは封鎖は生ぬるいと反対した。侵攻以外には方法はないといった。しかし、ケネディは決定をかえなかった。

午後六時、ソ連大使ドブルイニンがラスク国務長官に呼ばれ、その少しあと、モスクワではコーラー大使が同じメッセージをソ連政府に手渡した。爆風に備えて、窓にはテープがはられ、国務省、国防省、ホワイトハウスの職員は二四時間勤務にはいった。

そして、七時には、テレビで国民に対して演説が始まった。ケネディはまず事実をはっきり述べた。かれの表現は壮重で、その声は落ち着いて冷静であり、証拠は感情を混えずに提示された。「これらの基地の目的は、西半球に敵対する核攻撃能力を供給しようという以外の何ものでもありえない」と述べ、ソ連の行動を「もしわれわれの勇気と献身とが、ふたたび味方にも敵側にも信用されるものであれば、わが国としては受けいれがたい故意の挑発的かつ不当な現状の変革」であると続けた。

## ❖ケネディの声明

ケネディはさらに続けていった。アメリカの確固たる目的は、アメリカ人に対する核兵器の脅威をとり除くことであると明言し、さらに、そのためにとるべき措置として次のようなことをあげた。すなわち、キューバへはすべての攻撃用軍事装備を船で輸送できないように交通遮断をすること、キューバ自身に対しても監視を厳重にすること、キューバから発射されるどんなミサイルも、ソ連が合衆国を攻撃したものと見做《みな》すこと、西半球の安全保障に対する脅威を考慮するために、直ちに米州機構会議を開くこと、世界平和に対する脅威を考慮するために国連安全保障理事会を緊急に招集すべきこと、世界制覇への道を放棄させ、そしてこの危険な軍備競争を終わらせて人類の歴史を変革させる歴史的努力に一致協力するようフルシチョフに呼びかけることなどを、ケネディは述べた。

そしてこの演説を次のように結んだ。

アメリカ国民諸君、われわれが現在選んだ道は、すべての道がそうであるように、危険にみちている。しかし、それは国民としてのわれわれの性格と勇気および世界に対するわれわれの公約にもっともよく合致する道である。自由の代償はつねに高い。だが、アメリカは、つねにそれを支払ってきた。そして、われわれが決して選ぶことのない道は屈服の道である。われわれの目標は力の勝利ではなく、正義を守ることである。自由を犠牲にしての平和ではなく、この西半球における、しいては全世界における平和と自由である。神が許したまうなら、この目標は達成されるであろう。

文字どおり、「瀬戸際《せとぎわ》政策」であった。しかし、戦争するか、しないかの選択は完全にフルシチョフの手に委ねられたといった形であった。ソ連がなんらかの対抗手段に出る前にこのことが行なわれたのは、まったく秘密保持と、周到な準備によるものであった。

アメリカの同盟国もこのケネディの措置を支持し、米州機構も全員一致で交通遮断を実行するため実力行使を正当化する決議案を承認した。国連ではスティーブンソンが演説を行なった。「第二次世界大戦の終結以来、平和のビジョンにとってこれほど深刻な脅威はなかったし、国連憲章の世界にとってこれほど決定的な挑戦はかつてなかった」とかれは述べた。国連の過半数はアメリカを支持した。数日のうちに四万八〇〇〇通の電報がホワイトハウスにとどいたが、一〇対一の割合でケネディ支持のほうが多かった。

緊張は次第に高まった。キューバでは、四二基の中距離核ミサイルが発射台に備えつけられつつあった。大西洋上には少なくとも二五隻のソ連商船がキューバに向かって進んでいた。九〇隻のアメリカ艦隊が、八隻の航空母艦をともなって移動し、フロリダ州にはアメリカの軍事兵力が集結しはじめていた。

## ❖危機はつづく

　モスクワでも、混乱があったことはたしかである。ソ連側は、基地がこれほど早く発見されるであろうことも、また、アメリカが交通遮断の措置をこれほど早くとるであろうことも、まったく予想していなかったようである。出先の大使にもこのことはまったく知らされていなかった様子で、ドブルイニン大使ですら混乱の様子を見せていた。二四日の水曜日になってやっと、ミコヤンからロバート＝ケネディあてにメッセージが届いたが、その内容は、キューバはアメリカを攻撃できるような武器を何も受けとっていないというものであった。国連では、この日、ウ＝タントが突然一つの提案を出した。ソ連は武器輸出を停止し、アメリカは交通遮断をとりやめるようにというものであった。フルシチョフはこれを受け入れた。しかし、アメリカの観点からいえば、この提案は、侵略とそれに対する対応とを同一視したもので、すでにキューバにあるミサイルについては何も語っていないものであった。ケネディは、二五日、「この脅威は、攻撃武器のキューバへの秘密の導入によってひきおこされたものであって、このような武器がキューバから除かれることを要求する」という意味の回答を行なった。

　ワシントン政府内では、交通遮断がひきおこすかも知れないあらゆる偶発事件に対して、準備を行なっていた。交通遮断は、封鎖とも見られ、戦争行為とも受けとれるからであった。ど

ミサイルを積んだソ連商船をアメリカ海軍の駆逐艦は追尾する

こで、いつ、どのようにして、ソ連商船を阻止するか、どの程度の武力を使うか、などが問題点であった。しかし、やがて、ソ連の潜水艦が商船の後について来ていることが確認された。アメリカは直ちにすべての潜水艦を駆逐艦で追跡させた。

翌日になると、ソ連船の半数は進路を変えて、船首を本国に向けていることが確認された。他の船は次の命令を待っているようだった。ただ一隻だけが遮断区域内に入っていた。それはタンカーで、核兵器を運搬していないものだった。ケネディは、そのタンカーがキューバに向かうことを許した。

ソ連の態度にも変化が生じたように感ぜられた。第一に、イギリスが憂慮していたようにキューバをベルリンの問題と関連させようという方向はまったく見られなかったことであった。この日、東ベルリンでグロムイコが演説をしたが、この演説の中ではキューバについては一言もふれなかった。しかし、危機はまだ去ったわけではなかった。基地では依然として作業がつづけられていたし、ソ連もキューバに核ミサイルがあることを認めてはいなかった。国連ではこの日、スティーブンソン大使がゾーリン大使と緊張してやりとりを行なった。スティーブンソンは、会議室のスクリーンに航空写真をうつさせたが、ゾーリンはこれを否定した。スティーブンソンは、なぜソ連は国連使節団の基地訪問を認めないのかと詰問した。

## ❖米ソ交渉

二六日の夜、フルシチョフからケネディあての長い手紙が入電されはじめた。その手紙の始めには、武器輸送は完了し、その目的は防御的なものであると主張し、そしてその次に平和を維持しなければならないことを宣言した。もし、アメリカがキューバを侵略しない、もしくは他国の侵略を許さないという保証を与え、さらに遮断区域からその艦隊を呼びもどすならば、情勢は直ちに変化するであろう、そして、キューバにソ連軍がいなければならないという必要は解消するであろうと述べた。この手紙はヒステリカルなものではなく、核戦争を避けようという気持ちをよく表していた。危機はなんとか避けられそうに見え始めた。

しかし、二七日になると楽観はまた悲観にかわった。モスクワ放送が前夜のフルシチョフ書簡とはまったくちがったことをいいはじめたからである。ソ連が明らかにしたことは、もしアメリカがそのミサイルをトルコから撤去し、キューバへの非侵略を約束さえすれば、ソ連はキューバからミサイルを撤去し、トルコへの非侵略の誓約を提出するであろう、というのであった。キューバとトルコの基地を交換条件に使うということは、すでにケネディは計算ずみで、ケネディはすぐこれを退けた。

そのうちにU2型機がキューバ上空で行方不明になったという情報が入った。緊張は一段とひどくなった。しかし、ケネディは、アメリカ空軍の報復爆撃を一日だけおさえた。それは、ソ連側に考える時間を与えるためであった。その日の午後、ふたたび会議が開かれたが、この席上ロバート＝ケネディは、フルシチョフの二番目のメッセージを無視して、最初のメッセージに答える、すなわち、二六日のソ連の態度に対応し、二七日のことは忘れるという提案をした。

ケネディは、その日、フルシチョフに対して手紙を送った。「私はあなたの一〇月二六日の手紙を深い注意をもって読み、そして、あなたの早急の解決を求めているという要望の声明を、心から喜んで歓迎します」という書き出しで、ミサイル基地での作業が中止され、攻撃兵器が国連の監視のもとに実効力を持たなくされるならば、すぐに、フルシチョフの提案した線に沿って解決を交渉する用意があるだろうと、かれは述べた。また、つづけて次のように述べた。「もし、あなたの手紙が、ＮＡＴＯやワルシャワ条約に影響を及ぼすような緩和について討論する用意があるということを意味しているのならば、われわれは、いかなる有効な提案とも、われわれの同盟諸国と考慮する用意ができています。」

この手紙は直ちにソ連大使館に届けられた。もし、二四時間以内になんらかの保証がとれないならば、アメリカは直ちに軍事行動に移るというのが、ケネディのこのときの態度であった。

## ❖危機回避さる

一〇月二八日、日曜日、午前九時になると、フルシチョフの回答が入電されはじめた。ケネディの条件は受け入れられた。基地での作業はとめられるであろう、武器は木わくにつめられソ連に送りかえされるであろう、また、国連では交渉がはじめられるであろうとその電報は述べてあった。そしてもっと重要なことは、フルシチョフの電報に「原子兵器および熱核兵器の禁止について、一般的軍縮や、国際緊張緩和に関連する他の問題について、われわれは、意見を交換しつづけたいと思っています」と述べてあったことだった。

キューバの危機は去った。かろうじて間に合ったというわけである。もし、その日曜日にフルシチョフの電報が入電されなかったならば、また、もし、基地での作業が続行されたならば、アメリカはキューバに対して武力行動をとることになったであろう。そのことが世界を恐ろしい終末へと導いたかもしれなかったのである。なぜ、ソ連はついに譲歩したのであろうか。いろいろな推測を行なうことは可能である。しかし、大切なことは、ケネディもフルシチョフも核戦争を望まなかったことだけは事実である。

ケネディは、指令を出して、アメリカ人が勝利を主張したり、ソ連の後退を喜んだりしてはならないと戒めた。その夜の全米向けテレビ放送でも、ケネディは「フルシチョフ首相の政治家らしい決定」といったにすぎなかった。

ニューヨークの国連本部では、スティーブンソンとマクロイが複雑な交渉に入っていた。ハバナでは、フルシチョフの相談を受けなかったカストロが怒っていた。一一月二〇日フルシチョフはついにミサイルを三〇日以内に撤去することに同意し、アメリカは交通遮断を解除した。しかし、カストロの抵抗は、フルシチョフの提案した国連による検証を不可能にし、それによって、アメリカはキューバに侵攻しないという相互誓約を完成するには至らなかった。討論は長々とつづき、ついに一九六三年一月に、アメリカとソ連は、「この事件に関連して起こったあらゆる問題」を解決することは不可能である、ということに意見が一致し、安全保障理事会はキューバのミサイル問題を公式に外すことになった。しかし、それから何か月かがたつと、この計画は、実質的にはほとんど同じ内容で実施されるようになった。国連の査察の代わりに、アメリカが空中査察を行ない、ソ連はU2型機の偵察を黙認した。

ケネディの沈着さは、ソ連にも強い印象を与えたようだった。中国はフルシチョフの弱気を公然と非難した。しかし、ソ連は西側との対立をもっとも重要な問題とは考えなくなり、中国を孤立化させるためにも、平和共存への道を考えるようになった。そうなると、軍備競争はあまり意味のないものと考えられるようになった。

## 冷戦の緩和

### ❖西ヨーロッパの変化

ミサイル危機に際して、アメリカを支持したフランスのド-ゴールは、一九六三年一月一四日、記者会見において、大西洋共同体の経済的、軍事的支柱に痛烈な攻撃を加えた。ド-ゴールはまずイギリスの共同市場加入に反対したが、その理由の一つは、「共同市場は、ついにアメリカの支配し、指図する巨大な大西洋の一共同体と化するであろう」ということであった。また、西側の共同核政策に関して「フランスは独自の国防を意図している。……現在の状況では、われわれは核政策の統合をとうてい考えることはできない」と述べた。

第二次世界大戦後、アメリカは西ヨーロッパに対して、マーシャル-プランと北大西洋条約機構という二つの政策で、経済的軍事的援助を行なってきた。フランスはこれに応えて、フランスの復興ばかりでなく、ヨーロッパ全体の復興に関心を持ち、結局はヨーロッパの統合を考えるようになった。一九五一年にはヨーロッパ石炭炭鉱共同体が設立され、一九五七年にはローマ条約によって、ヨーロッパ経済共同体（ＥＥＣ）の成立を見た。しかも、ＥＥＣは、西ヨーロッパ復興を促進し、たちまちのうちに、世界でもっとも重要な貿易共同体となった。このことは、西ヨーロッパの経済的な対米依存は、一九六〇年までにはほとんど終結した。一〇年間にアメリカに二倍する成長率を見せた西ヨーロッパは、アメリカから金準備を引き出し、また石炭生産ではアメリカをしのいでいた。一方、軍事的な対米依存も、従来と異なった複雑な形をとるようになってきた。ソ連の西ヨーロッパ侵略のおそれは、まだ依然としてその可能性があるにせよ、現実のものとは考えられなくなった。それに加えて、ソ連の核兵器の開発が進むにつれ、アメリカの抑止力が低下したと考えられた。このことは、もはや西ヨーロッパがアメリカの経済的、軍事的衛星国ではなくなったことを意味する。

それでは今後のアメリカとヨーロッパの関係はどうあるべきか、という問題がアメリカでも西ヨーロッパでも考えられ始めた。その解決策として二つの若干異なった考え方が出てきた。一つは、ヨーロッパとの政治経済的関連を重視するもので、アメリカとＥＥＣという二つの単位を基礎とする協力関係の構想であり、もう一つは、軍事面を重視しようというもので、ＮＡＴＯならびに核抑止力の非可分という考えに基づいた一元的な協力関係であった。

一九六一年四月、マクミランはケネディに対し、イギリスは共同市場への加盟申請にふみ

ケネディ大統領は、潜水艦から発射されたポラリス-ミサイルの発射実験を視察する

切ったことを伝えた。これはイギリスの歴史からいえば驚くべき大転換であった。ケネディは、このことは経済的にアメリカにとって不利であっても、政治的には利益になると考えた。

### ❖米と西欧の意見の不一致

しかし、ド-ゴールはイギリスの共同市場加盟に反対した。表面的には農業問題のためであった。ケネディはイギリスのEEC加盟に賛成ではあったが、大西洋共同体を二つの対立的な貿易ブロックに分かれてしまう結果になることをおそれた。ケネディはこれに対する措置として、一九六二年初頭、議会に対して拡大された共同市場と広範な関税協定を締結する権限を要請し、それによって関税障壁の削減、世界貿易の促進を求めようとした。

これより先、ケネディは通商拡大法案を議会に提出して、現行通商法が一九六三年に満期となるのに対処しようとした。通商拡大法案はケネディ政権のもっとも重要な立法として六二年に大々的に全国キャンペーンが行なわれるにいたった。この法案は、下院では二九八対一二五、上院では七八対七で可決された。一〇月、ケネディは、この法案の署名に際して次のように述べた。「本法の認める協定方式によって、われわれは大西洋共同体諸国との協力関係に向かって前進することができる」と。

軍事的な大西洋共同体についても、ケネディはアイゼンハウアー以来の政策を踏襲した。一九六一年五月、オタワにおいて、ケネディは、アメリカは「その管理、使用をＮＡＴＯのいかなる防御ライン協定にも従属させ、全加盟国の必要に即応でき、しかも非常時にも依然信頼性を持つ」ポラリス＝ミサイル潜水艦を、五隻ないしそれ以上、ＮＡＴＯに委ねる用意のあることを声明した。さらに、かれは、ＮＡＴＯ海軍設立の可能性を期待して、「ＮＡＴＯの非核目標が達成された暁には、全加盟国が希望し、適切と認めるならば、この海軍の所有、管理は、ともに真に多角的なものとなるであろう」と述べた。

しかし、ヨーロッパ側はこの提案を支持するにはいたらなかった。一九六一年夏のベルリン危機に際して、ヨーロッパ諸国の対応は複雑であった。アメリカの国防総省とＮＡＴＯ司令部は、軍事上の対抗措置に対して一致点を見出すまでにはいたらなかった。両者ともソ連のベルリン封鎖に対して、西側からまずアウトバーンを攻撃することでは一致したが、その攻撃の目的では異なっていた。ＮＡＴＯ軍は、この攻撃を突破口として西ヨーロッパに核兵器使用を証す事態を生み出そうと考えていたのに対し、ケネディは、核兵器の使用を延ばす目的でアウトバーン攻撃を考えていた。

アメリカはここ一〇年来西ヨーロッパに核兵器による防衛の絶対性をくりかえし主張してきたのに、ここにいたって今や通常兵力に熱意を示すにいたった。このため、多くのヨーロッパ人は、アメリカは、アメリカ自身も核攻撃に対して万全たり得なくなったのだと信じこみ始めた。かれらはアメリカの態度を批判して、ソ連を抑止するもっとも効果的な方法は、アメリカが核報復戦略にのみ依存していることを、ソ連に認識させる以外にはないと主張したのである。

## ❖微妙な米英関係

こうした西ヨーロッパ側の見解に対し、ケネディは、ド-ゴールに対し、西ヨーロッパが大量の通常兵器による攻撃を受けた場合には、アメリカは核兵器使用の覚悟があることを保証した。しかし、ド-ゴールはこれを信用せず、フランスは独自の核抑止力を必要とするという信念をますます固めていった。

ＮＡＴＯの非核目標の達成を条件とした多角的戦力も、また広範な支持を受けるにはいたらなかった。この多角的戦力は、元来、他国を核クラブに加入せしめることを意味するものであった。西ドイツはこれに特別の支持を表明していたし、またベルギーも同様の関心を持った。しかし、西ドイツもＮＡＴＯの必要通常兵力の補充についてはなにもいわなかった。この多角的核戦力、すなわちＭＬＦは厳密な意味では軍事的機能を果たすものではなかったが、戦略上ヨーロッパとの相互依存を説くアメリカ人はこれを歓迎した。それは、ＭＬＦが抑止力の統一とＮＡＴＯ加盟国の核供与を同時に実現する手段たり得たからであった。一方、経済的協力関係の主張者もＭＬＦに賛成であった。それは、ＭＬＦにもとづきアメリカがその拒否権を委ね得る機関は、統一西ヨーロッパ政府以外にはなく、この意味でＭＬＦはヨーロッパ連合国の成立に新たに拍車をかけることになるからであった。

ケネディは、一九六二年七月四日、フィラデルフィアのインデペンデンス＝ホールで演説したが、この演説で、かれは二つのヨーロッパ協調論を総合して、ヨーロッパがより完全な結合を実現した場合に可能な大西洋協力関係を唱え、またあらゆる自由の不可分性にもとづいた相互依存の宣言を主張した。この演説はヨーロッパでは、ヨーロッパ人がいかなる統一ヨーロッパを生み出そうとも、アメリカは、それとの強い連帯を欲しているものと受けとられ、歓迎されたのであった。

ところが、その後スカイボルト＝ミサイル供与協定をめぐって、米英間に問題が起こった。この協定は一九六〇年アイゼンハウアーとマクミランの間で行なわれたものであったが、その後スカイボルト計画は予想を上回る費用を必要とした上、効率はよくないことが明らかとなり、一九六二年一一月アメリカはこれを廃棄する決定を行なったからであった。これはイギリスにとっては大きな打撃であった。そのため、一二月一八日、ナッソーで、マクミラン＝ケネディ

1961年５月、パリを訪問したのだが……（先頭中央がケネディ、その右どなりがドｰゴール将軍）

会談が行なわれた。この会談ではマクミランは、スカイボルトからポラリスへの転換が直ちに行なわれるべきだと主張した。ケネディもこれに同意した。しかし、ポラリスの供与と多角的戦力、さらにヨーロッパとの協力関係をどう妥協するかという点が問題になった。ともかく、会談は成功し、米英協調にはひびが入らずにすんだ。

### ❖ケネディの訪欧

一九五九年、ドｰゴールは「わが祖国のために練ってきた大計画」なるものを発表した。この中で、ドｰゴールは、米英両国はフランスを二流国の地位に退けようとしているが、西ヨーロッパにおけるフランスの首位を確保するつもりである、と述べている。したがってかれが、いつまでもアメリカが西側の主導国であることにも、米英関係がフランスを疎外して密になることも歓迎しなかったことはいうまでもない。そして機会あるごとに、西側の結束を破壊しない程度に、外交的手段をもって、従来のアメリカの政策とぶつかることはやむを得ないことであった。キューバのミサイル危機はたしかにその一つの機会となった。この危機に際してアメリカがとった態度は、アメリカが自国の安全のみならず、世界の平和を左右する問題の処理を迫られたとき、NATOにはかることもなく、国際協力に訴えることもなく、独自に行動するということを示したものであった。これはいかなる国家も自国第一主義以外のことは考えないというド・ゴールの昔からの信念をますます固くしたものであった。また、キューバ事件の結果、ベルリンには戦争の危険はないというかれの考え方をいっそう強めることにもなった。ド・ゴールはヨーロッパにおけるフランス自身の目標の追求のみを考えることになった。

イギリスの共同市場加入が実現されれば、EECにおけるフランスの首位は終わりをつげるであろう。そこでド・ゴールは行動を必要と考えたのであった。ナッソー会談はその口実を与えた。

六月二三日、ケネディはドイツに向けて出発した。この際、かれはヨーロッパに対して、ドイツ問題、ヨーロッパの団結、ヨーロッパ防衛についてのアメリカの責任、大西洋協力体制、低関税など、いろいろな重要問題について、アメリカの態度をはっきりさせ、かつ、それぞれの国の指導者と話し合う必要を感じたからであった。六月二五日ケネディはフランクフルトでヨーロッパ問題について演説した。「アメリカ合衆国は諸君の都市を守るために、アメリカの都市を危険にさらす覚悟である。なぜならば、われわれにとって自分たちの自由を守るためには諸君の自由を必要とするからである」とかれは述べた。またかれは、「ヨーロッパの団結にいたる道の選択は、ヨーロッパが自分でしなければならない」ことをも強調した。

ついでケネディは、ベルリンに赴き、大歓迎を受けた。ケネディはまず壁を視察し、大きな衝撃を受けた。ベルリンでのかれの演説ははげしいものだった。「自由人はその住むところを問わず、すべてベルリン市民である。したがって、一個の自由人として私はベルリン市民であるという言葉に誇りを抱くものである」とかれは結んだ。興奮が大きく広場をゆるがした。

## ❖何かの変化

ケネディはベルリンからダブリンに向かい、祖先の土地を訪問し、イギリスを経てイタリアに飛んだ。イタリアの旅行を終えたかれは西ヨーロッパの統合について、次のように語っている。「アメリカはこの動きおよびそれが保証する力を歓迎する。ヨーロッパの復興に際して、われわれはヨーロッパがアメリカに依頼しつづけるようには援助を行なわなかったし、また多数の別々になった集団と選択的に契約するつもりもなかった。われわれはもっと強いパートナーを歓迎するものである。……自給自足的なナショナリズムの時代は終わった。今や相互依存の時代になったのである。……大西洋協力体制は成長しつつある現実である」。

これがケネディのドーゴールに対する回答でもあり、結論でもあった。ケネディは、ヨーロッパ人がヨーロッパ統一を行なわなければならないことを明らかにし、また、アメリカは核問題にとらわれるあまり、新しいヨーロッパの緊急の社会問題を無視しないことも明らかにした。かれは、その考え方を直接ヨーロッパの大衆に訴えたのであった。

七月二日、イタリアの訪問を終えて、空路ワシントンに帰る途中、ケネディは驚くべきほど明るいニュースを受けとった。それは、その日、フルシチョフが東ベルリンで演説し大気圏核実験停止条約を結ぶことに賛成したというニュースであった。

キューバの危機回避によって、ケネディは実質的な核実験停止協定を結びたいと思い、これを提案すると、意外にもフルシチョフは原則的に査察に同意するといってきた。その回数や具体的なことは判らなかったけれども、ソ連も核実験停止の方向に動いていることはたしかであった。

キューバの危機は、米ソ両国に戦争の危険をさけるにはどうすればよいのかを考えさせる機会になった。キューバの問題をあつかっているときは、米ソ間の通信網は電報を打つのに四時間もかかった。それでは、今後なんらかの問題が起こったとき間に合わないかもしれない。そのためにモスクワからヘルシンキ、ストックホルム、ロンドンを経てワシントンを結ぶ新しい通信線が設けられた。

もちろん、ミサイル危機での屈服がソ連の態度を急にかえてしまうということは、ケネディは考えていなかった。しかし、ソ連も何かを得たことはたしかであった。一九六一年には、アジア、アフリカ、ラテンアメリカは西側の支配者に対して対立し、共産主義の方向に傾いているように見えた。しかし、一九六二年には、共産主義は、ラオス、コンゴ、ラテンアメリカで挫折感を味わうことになった。その年の一一月には、フルシチョフは、世界攻勢を放棄し、ソ連経済の再建に集中することを求めた。これらは、ケネディが大統領になってからめまぐるしく変化しつづけてきたことであった。

## ❖「平和の戦略」

アメリカの中にも、核実験禁止を主張する動きが出てきた。五月二七日には、一つの決議案が上院に提案された。アメリカはソ連にふたたび限定的核実験停止を提出すべきであり、もし、ソ連がこれを退けても、アメリカはできるだけ広い範囲にわたって国際的な支持を求めつつ、限定的禁止を根気よく追求すべきであり、同時に、ソ連が実験をさしひかえている間は、大気中もしくは水中での実験をこれ以上行なわないことを誓うべきだというのであった。

今や、ケネディがなんらかの手を打つ時機であった。演説は六月一〇日の朝、ワシントンのアメリカン大学の卒業式で行なわれることになった。この演説は、大統領としてのケネディの

名演説の一つに数えられるものとなった。内容は、「この世でもっとも重大な論題、すなわち世界平和」についてであった。

「アメリカの戦争兵器が世界におしつける〝アメリカの平和〟ではなくて、また単にアメリカ人の平和ではなく、あらゆる人のための平和、現代だけの平和ではなく、永遠の平和について、私は語りたい」とケネディはこの演説を始めた。「われわれの問題は人間がつくったものである。したがって人間によって解決される。」ケネディは、ソ連および冷たい戦争を新しく見直し、過去の対立と偏見を捨て、両国の共通の利益に努力するよう呼びかけた。

「平和に対するわれわれの態度を再検討してみよう。あまりにも多くの人々が平和は不可能である。非現実的であると考えているが、これは危険な、敗北主義的な考え方である。……こうした考えを受け入れる必要はない。われわれの問題は人間が生んだものである。それゆえ、人間はそれを解決することができる。……世界の平和は、地域社会の平和と同じく、各人が隣

ケネディは世界の平和を語る……

人を愛することを要求せず、ただ単にかれらが互いに寛容の心をもって共存し、その紛争を公正で平和的解決方法にゆだねることを要求する。そして歴史は、諸国家間の敵対関係は、個人の場合同様、永久に続くものではないことを教えている。われわれの好ききらいがどんなに固定したように見えても、時代と事態の潮流は、しばしば国家間、隣人間の関係に驚くべき変化をもたらす。……第二に、ソ連に対するわれわれの態度を再検討しようではないか。ソ連宣伝家たちが絶えず書いているとおりのことを、ソ連指導者たちが実際に信じているかも知れないと思うと、悲観せざるを得ない。……しかし、それは同時に警告であり、ソ連と同じおとしあなに陥らぬよう、相手方のゆがめられた絶望的な見方だけ見ることのないよう、紛争を不可避と考えたり、協調を不可能と見たり、コミュニケーションは形容語や脅し文句の交換以上の何ものでもないと思ったりすることがないよう、アメリカ人に警告しているのである……」。

## ❖融けはじめた冷たい戦争

この演説に対する世界の反響は大きかった。イズベスチャ、プラウダ両紙もこの演説の全文を掲載した。アメリカがこの演説をロシア語で放送したとき、ソ連はこれを妨害しなかった。フルシチョフが、この演説に感銘を受けたことは、かれがウィルソン大使に対して、「ローズヴェルト以来、アメリカの大統領が行なったもっとも偉大な演説」であると語ったほどであった。七月二日、東ベルリンで、かれは、それが「国際情勢を冷静に評価した点で顕著な」ものであると述べたのち、回答を提出した。この回答は、前にも述べたように、大気圏、宇宙空間、水中の実験を違法とする部分的核禁止を主張したものであった。「もし、西側諸国がこの提案を受け入れるならば、査察の問題はもう起こらないであろう」とフルシチョフは述べた。そして、NATO加盟国とワルシャワ条約加盟国との間の不可侵条約締結に言及した。

ワシントンに帰ったケネディは、米英ソ三国会談のアメリカ首席代表としてアベレル＝ハリマンを任命した。会談は七月一五日からモスクワで開かれた。一〇日間の交渉の後、七月二五日、地下実験を除く核実験停止条約の仮調印が結ばれた。その翌日、ケネディはテレビで国民に対して次のような演説をした。

私は今夜、希望にあふれてみなさんにお話する。核兵器の登場以来、全人類は地上におけ

政府高官の見守るなかで、ケネディ大統領は核実験停止条約に署名した

る大量殺人の暗い予想からのがれようと努力してきた。……昨日、その暗闇に一条の希望の光がさしたのである。この条約は重要な第一歩である。平和に向かっての、理性に向かっての、戦争から遠ざかる第一歩である。……古代中国の諺に〝千里の道も一歩から〟という。その第一歩を踏み出そうではないか。

しかし、交渉そのものは、問題の半分でしかなかった。ケネディはかれの直面した議会問題で、この問題をもっとも重要なものと考えた。軍部およびその他の分野でも、この条約に強く反対する者があった。これらの人たちの主張は、真の安全は、無制限の核優越であった。しかし、上院は三週間にわたる聴聞会を開き、一一日間の正式審議をつづけた末、九月二四日、八〇対一九で批准し同意した。この数字は、必要とされる三分の二を一四票も上まわるものであった。

もちろん、核実験停止条約は、ケネディの言ったとおり、平和への終着駅ではなく、スタートにすぎなかった。しかし、このスタートを切るためのケネディの忍耐強い、そして慎重な努力はまことに驚嘆に価するものだったといわなければならない。この条約には、核兵器を持たない国々も参加できるものだった。日本をはじめ一〇〇を超える国々がこの条約に署名した。フルシチョフ傘下の国々もこれに参加した。しかし、フランスと中国は署名しなかった。だが、冷たい戦争はゆるみはじめ平和共存への道はともかく開かれた。

# ベトナム戦争への道

## ❖ケネディの対ベトナム政策

一九五四年のジュネーヴ協定で、一七度線によってベトナムは南北に二分されたが、このあとで、アイゼンハウアー大統領は南ベトナムのゴ＝ディン＝ジエム大統領に対して、「軍事的な手段を通じて行なわれる政府転覆や侵略に抵抗しうるだけの、強力で発展性のある国家をつくりあげてこれを維持するよう、ベトナムの政府を援助する」ことを目的とする手紙を送った。この援助は「必要な改革を実行に移す際には、ベトナム政府が自力で実施することを期待する」ものであった。このアイゼンハウアーのベトナム援助は、いわゆるドミノ理論によるものであった。「もしインドシナが共産主義者の手におちれば、われわれやあなた方の、地球上での戦略的立場は……とりかえしのつかないものになるおそれがある」とかれは信じていた。

事実、南ベトナムは、一九五七年以来、ハノイの共産党政権の支援を受けているゲリラによって脅威を受けていた。ケネディが大統領に就任した年の五月一日、ベトコンと北ベトナムは、その年の終わりまでには、南ベトナムを完全に支配することになろうと声明した。しかし、ベトナム問題は、他の重要問題に比べると、ケネディにとってはあまり大きな関心をひく問題ではなかった。一九六一年にはベトナム問題は、解決すべき問題としてよりも処理する問題だけであると見ていた。その年の秋、ケネディがワシントン大学で演説したとき、「われわれはアメリカが万能でも全知でもないこと、全人類の九四パーセントにわれわれの意志を押しつけることはできないこと、あらゆる誤りを正し、あらゆる逆境をくつがえすことはできないこと、したがって、あらゆる世界問題もアメリカが解決できるわけではないという事実を直視しなければならない」と述べている。

もちろん、〝平和のための食糧〟計画にしたがって、南ベトナムには食糧が送られた。また軍事顧問団も送られた。ウィーン会談のあとでは、ケネディはフルシチョフと手紙のやりとりをし、このとき、ベルリン、キューバ、ラオスの問題などとともに、ベトナムについても議論をたたかわせた。しかし、この間にも、南ベトナム政府軍とベトコンとの間には血なまぐさい戦闘がつづけられていたのである。

ケネディの対ベトナム政策は、基本的には、ラオスや他の東南アジアに対する場合と同じであった。共産側に支援されたゲリラを食いとめ、住民たちにその将来を平和的に選ばせるということだけであって、アメリカの軍事基地にしようとか、西側の同盟に加わらせようという考えはまったくなかった。しかし、南ベトナムは弱く、とても一人立ちできるほどではないので、ラオスのように中立化すれば、共産側に征服されてしまうというのが一九六一年の情勢であった。

### ❖南ベトナムの情勢

ケネディは、アメリカは現地政府の希望に反してまで東南アジアにはとどまらないとしばしば言明した。しかし、現実には、アメリカが東南アジアにとどまることは、現地政府の利益のためばかりでなく、自由世界の安全もかかっていた。中国の外交政策が、東南アジアから西側の勢力を追いはらうことにおかれていたからである。しかし、ケネディは、中立を望む国の中立を尊重し、ダレスのように、〝中立は不道徳である〟とは考えなかったが、その中立は他の国もまた尊重するものでなければならず、したがって軍隊を撤退し、交渉による解決を求め、中立国として自由にその国の将来の行き方を選ばせようというものであった。この意味において、アメリカはしばらくの間軍事援助をつづけたのであったが、この点で、アメリカと共産側とは紛争を生じたのであった。そして、その対立の場がはからずも南ベトナムとなったというわけであった。

大統領執務室でジョンソン副大統領と協議する

ゴ＝ディン＝ジエムは、民主的な人物ではなく、独裁権を発揮して、政治的に反対者を追放し、多くの有能な人物を共産側に追いやってしまった。また、「必要な改革」の遂行にあたって、正確に約束を守っていたとはいえず、一方、アイゼンハウアー政府も、この怠慢を直ちに指摘するようなことはしなかった。ジエムの権力主義は、必然的に、広範なレジスタンス運動を引き起こした。一九六〇年三月になると、ゲリラ勢力は、民族解放戦線を結成し、これに対し、北ベトナムは正式に祝福を与えた。

一九五〇年代に、アメリカが南ベトナムに与えた援助は、毎年平均三億ドルに達した。これは大部分経済援助にあてられ、効果的に使われていた。軍事面については、大部分が朝鮮戦争の経験者であったアメリカの顧問団は、自らゲリラと戦うのではなくして、北からの侵入を撃退するために、南ベトナム軍を訓練していた。しかし、一九六〇年の終わりになると、楽観的な専門家たちも、軍事顧問団の楽観的な報告に疑問を抱くようになってきた。ゲリラ攻勢はますます活発化してきた。その上、パテト-ラオの成功によって、北ベトナムからラオスを通って南ベトナムに達する共産側の援助ルートができていた。今や、南ベトナムにはおよそ一万五〇〇〇のベトコンがいて、国の半分を事実上支配しているというありさまだった。

サイゴン（現、ホーチミン市）では、ジエムの政府に対して不満が高まっていた。一九六〇年一一月には、軍部のクーデターが起こる一歩手前までいった。しかし、ジエムはこの困難をのりこえ、反対勢力を大弾圧した。

このような情勢の中で、ケネディはゲリラ戦に対処するための方策をつくらなければならなかった。かれはジョンソン副大統領を南ベトナムに派遣した。

### ❖アメリカ軍派兵のためらい

ジョンソンの旅行の主な目的は、台湾の蔣介石、南ベトナムのジエム、タイのサリットらに会って、アメリカのラオスに対する新しい政策は、決して東南アジア一帯からアメリカ軍が撤退することを考えているのではないことを、ふたたび保証することにあった。ジョンソンの結論は、アメリカ軍隊は訓練という任務を越えて行動する必要はなく、この段階では戦闘部隊を投入することは不必要なばかりか、望ましくないことだということにあった。その代わりに、ジョンソンは、政治上、経済上の諸改革の計画に沿って、軍事上の努力の方向を正すことをすすめた。

ジエムは、五月、アメリカの勧告を一応受けいれたが、それはまったく実施されなかった。ジエムにとっては、人民の支持を求めるという考え方自身が、アジアでの生活とは無関係なヨーロッパ風の幻影でしかなかった。かれの考え方では、政府を尊重するのは、国民の道徳的義務であった。

ジョンソンの旅行のあと、経済使節団が派遣されたが、情勢は毎週のように変化していた。九月に入ると、ベトコンは地方で地歩を次第に固め、サイゴンの士気はますます低下してきた。次いで、一〇月には、ケネディは、マックスウェル＝テイラー将軍とウォルト＝ロストウをサイゴンに派遣し、アメリカはいかなる態度をとるべきかを調査させた。

この調査団の報告は軍事面に集中していた。アメリカ軍もある種の任務を遂行すること、すなわち、ベトナム人がまったく手をつけられない空輸とか、空からの偵察を受け持つということであった。また、自己防衛と周辺地域の安全保障のために、アメリカの作戦部隊を約一万人ぐらい派遣することも考慮されていた。政治面については、従来の考え方とあまりちがったところはなく、ベトナム政府にもっと多方面からの人材を集めて政治的改革を行なうべきだというような抽象的なものであった。テイラーとロストウは、北部からの浸透さえ防げば、内戦は勝利に導けるという希望を持っていた。しかし、北からの浸透がつづけば戦争を終わらせる見通しはつかなかった。

ケネディはこの報告書を受け取り、アメリカ人顧問団を送り込んでジエム政権を強化させるということには賛成したが、直接アメリカ軍隊が参加するという提案には反対の態度をとった。ケネディは、アメリカ軍を送ることは、ベトナムをベルリンと同じにしてしまうと判断し、いったん送ればその兵力は次第に増加させなくてはならぬであろうと考えた。ベトナムでの戦争は、ベトナム人自身の戦争であり、一度アメリカ人の戦争に転換してしまったら、一〇年前にフランス人が失敗したのと同じように、アメリカもまた敗退することになるであろうと言った。このケネディの考え方は正しかった。

### ❖楽観的な報告

テイラー＝ロストウ報告は、さきにも述べたように軍事に重点がおかれ、政治上の問題にもふれたものであった。これに対して、ガルブレイス、アベユレル＝ハリマンたちは、信頼感の危機はもともと政治上のものであり、共産主義者に煽動された農民の暴動に対するジエムの弾圧的、反動的な政治に原因があるのだと確信していた。インド大使をしていたガルブレイスが任地にもどるとき、ケネディは南ベトナムにも立ち寄るよう命じた。ガルブレイスは、冷静な眼で情勢を眺め、根本的な問題は、ジエム政権がまったく無力な存在にすぎないという点にあることを報告した。

ケネディは一応準備をした。アジアからアメリカが後退すれば、全世界の均衡を破ることになると感じたからである。一二月にかれは軍備強化に着手するよう命令を出した。軍事顧問団は増強されたが、ジエム政権の改革は何一つ進まなかった。しかし、ジエム政権に対するアメリカの支持はつづけられた。ノルティング大使も、ポール＝ハーキンズ将軍も現地の情勢を楽観的に報告してきた。一九六二年はこの政策は効果をあげつつあるように見えた。一九六三年の初めには、マクナマラは国防省に対し、「われわれはベトナムでは峠を越した」という声明を発表させ、ハーキンズ将軍も、戦争は一年以内に勝利で終わるであろうと予言した。多忙で、ヨーロッパやキューバのことに頭を悩ませていたケネディは、東南アジアのことまで考える余裕はなく、ベトナムについては楽観主義者たちの主張をきいているだけであった。

しかし、ベトナムからの新聞報道は、決して楽観的なものではなかった。特派員たちはジエムは献身的な国家指導者ではなく、自己催眠にかかって民主主義を軽蔑している圧政者と見ていた。かれらは、ハーキンズとノルティングをも信じていた。したがって、ワシントンでも、新聞記者と官吏たちはベトナム問題について意見の一致を見せてはいなかった。ニューヨーク=タイムズのディビット=ハルバースタム特派員は、「アメリカ大使館は独裁者の従属物になった。ジエムを批判から守ろうとして、大使館はジエムの手先になり下った」と怒って報道した。官吏の中でも、間違った道を歩んでいることを悟っていた人もいた。極東担当国務次官補のハリマンがそうであった。国務省の情報調査局長のロージャー=ヒハズマンもまたそうであった。

ベトナムにいたアメリカ人の数は一万一〇〇〇、それまでに、三二人が戦死し、八〇人が負傷していた。しかし、ラスク国務長官はアメリカの対ベトナム政策の形成における軍事面の優越に十分満足していた。一九六三年四月二二日になっても、かれはニューヨークでの演説で、ベトナム人は成功への道を歩んでいるといっている。

### ❖ジエム政権の弾圧

このラスクの言明から二週間後に、ベトナムでは仏教徒たちが、ジエムに反対してユエに集合した。ジエムの軍隊は群衆にむかって無差別に発砲し、多数の死傷者を出した。南ベトナムの大衆の間にジエムに対する怒りはたちまちひろがった。ジエムがこの事件に対して遺憾の意を表しないので、怒りはついに仏教僧侶のガソリン焼身自殺にまで発展した。仏教徒は、南べ

僧侶はたちまち炎につつまれた（共同提供）

トナムではそれまで別に迫害されていたわけではなかった。しかし、この騒ぎは宗教的なものである一方、もともと社会的なものであり、その目的は急速に政治的なものとなった。抗議がひろがるにつれて、ジエム反対者たちによる政権の崩壊の危険性が出てきたのであった。焼身自殺といった異常な行動には、アメリカの新聞特派員たちは仏教徒に同情的な態度を示した。このような情勢の下に、ワシントンは仏教徒の反乱を鎮めるようジエムに圧力をかけた。

これに対し、ジエムはいやいやながらいくつかの名目的な譲歩をしはじめた。しかし本心は、仏教徒をベトコンの手先と考え、アメリカの特派員たちを共産主義者と見なした。このような情勢はケネディにも楽観主義に対する疑いを持たせたようであった。まずケネディはノルティングを解任し、ヘンリー＝カボット＝ロッジをその後任に送ろうと考えた。そうこうしている間に、八月になって、ジエムの軍隊は仏教寺院を襲い、何百人という僧侶を捕えた。その翌日、ロッジはサイゴンに到着した。

ベトナムの残忍な仏教徒全面弾圧は、ジエム政権内部まで影響を与えた。外務大臣は辞職し、ヌー夫人の父は、娘を非難してワシントン駐在大使の職を辞した。ベトナムの軍部指導者も不満を表明した。八月二四日、アメリカ政府は、もはや仏教徒に対する組織的な弾圧もヌーによる政府支配も黙認できないという意味の電報をロッジに送った。ワシントンでは、ケネディがベトナムについての会合を開き、ノルティングも呼ばれた。ノルティングはジエム支持を述べ、将軍たちのクーデターの可能性を疑問視するといった。この会合の一応の結論はノルティングの意見におちついた。ところが、ジエムとヌーは今度は学生を弾圧し始めた。ケネディは、九月三日、テレビインタービューで、「民衆がその努力を支持しない限り、この戦争に勝てるとは思えない。私の考えでは過去二か月間、政府と民衆との連絡はなくなっている」と述べた。

九月初め、ケネディは、昔からベトナム事情に通じた海兵隊のビクター＝クルラック将軍と国務省の専門外交官ジョセフ＝メンデルホールをベトナムに派遣した。しかし、クルラックとメンデルホールの意見は正反対であった。クルラックの楽観的な結論に対し、メンデルホールは、ジエム政権は崩壊寸前だと報告した。

## ❖ジエムの没落

大使としてロッジは何もすることはなかった。ジエムと会っても、ジエムは何もきこうとはしなかったからである。ロッジは、情勢の悪化をワシントンに報告し、アメリカが圧力を強化する時期が来たとし、また援助の停止を勧告した。援助の停止については、マクナマラとラスクは最初これに反対だった。今度はケネディがマクナマラをベトナムに派遣した。その結果、マクナマラも圧力をかける以外に方法はないことに同意した。一〇月はじめ、ベトナム援助の品目別停止が、公表されずに実施された。公表されなかったのは、ジエムの面子《めん》を失わせないようにするためであった。しかし、ジエムは、猛烈な非難とともに援助停止を発表した。ヌー夫人はアメリカを訪問し、新しい政策に反対して裏面工作を行なった。しかし、それは失敗に終わった。

一九六三年一一月一日、ジエム打倒のクーデターが将軍たちの手で行なわれ、これは成功した。このクーデターにはアメリカは何も関係しなかった。その前日、ロッジは実験用原子炉を贈るためにジエムに会っているが、クーデターのことは、二人とも何も知らなかった。クーデターは、すでに一九六〇年からサイゴンでは噂されていた。一〇月二九日、ワシントンでは国家安全保障会議が開かれ、クーデターが起こった場合のアメリカの政策が検討された。ロバート=ケネディはクーデターの可能性はきわめて薄いといい、ケネディは、反ジエム派とジエム派の勢力がほぼ同じであると判断し、このような情勢の下ではアメリカは行動すべきではないと述べた。

このクーデターの背後にあったものは、アメリカの干渉によるものではなく、ジエムに対するベトナム軍部の長い間の反感からであり、これがこの時全体主義的なヌーが、南ベトナムを警察国家に変えはしまいかという恐怖と重なったがためであった。独断的で非合理的な政権に反対し、反抗するのは、軍人でなくとも当然のことであった。ロッジがあとで言ったように、このクーデターは下り坂をころがり落ちる岩のようなものであったのである。

ケネディは、ジエムとヌーが死んだことを知ったとき憂鬱であった。ベトナム問題に関する限り、かれの外交政策は結局失敗に終わったからである。これは今までかれが実際に十分な注意を払っていなかったことによるものと考えられる。

もし、ベトナムが軍事問題としてでなく、初めから政治問題として取り扱われていたならば、問題はまた別の方向を辿《たど》ったことであろう。また、もし、ジエムが無批判に尊敬されず、手ぎわよいアメリカの圧力の下におかれていたならば、クーデターは起こらなかったかもしれない。

ともあれ、軍部のクーデターはベトナム戦争への道であり、アメリカにとってももっともきびしいものになったのであった。

# Ⅳ

# 巨星は落ちた

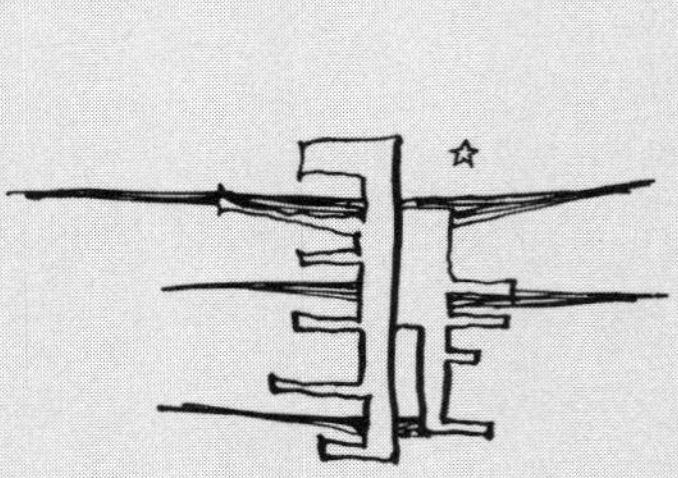

## ❖ケネディとテキサス

一一月一二日、ケネディは、一九六四年の大統領選挙戦に備えるため、最初の戦略会議を開いた。どのようにして全国大会を開くか、その大会に集まる代議員の指名、スローガン、資金などが討議され、また、各州の組織をつくることが問題となった。さらに、南部の問題、選挙における人種差別の問題などが検討された。ケネディは予想される共和党の候補者ゴールドウォーターに対する戦いを考えていた。かれのような右翼極端主義を徹底的に打倒し、ゆるぎない国民の信頼を得るためにはどうすればよいかが論議された。多くの決定がなされ、さらに多くの情報を集めることに意見が一致した。そして、ケネディは、まずフロリダとテキサスに出かけることになった。そして次の会議はケネディの遊説旅行が終わったあとで開くことにした。しかし、この会議は実現しなかった。

一一月一九日、かれは議会指導者たちと朝食をともにした。旅行について雑談をしていたケネディは、テキサスでの党派争いに関心を示していた。その翌朝、ケネディはジャクリーン夫人を伴ってテキサスに飛んだ。サンアントニオ、ヒューストン、ダラス、オースティンなどが訪問のおもな予定地であった。

ちょうど、その四週間前、スティーブンソンは国連記念日の会合に出席するため、ダラスを訪れていた。急進的な右翼は、その前日に「合衆国の日」と称する会合を開いて、スティーブンソンの訪問に挑戦した。かれらは国連を非難攻撃し、ケネディの写真の入ったビラに「反逆罪により逮捕の要あり」と書いた下品な文章が書かれていた。スティーブンソンの演説は野次と怒号で迎えられ、プラカードや旗がふられるという妨害を受けた。

ダラスはおかしなところであった。もっとも新しい富裕な都市であった。東部テキサスの石油資源の発見によって、ダラスは事実上テキサスの金融上の首府に変化し、人口は一九四〇年から六〇年の間に二倍以上となった。その住民の多くはファンダメンタリストであり、そのため独善的な絶対的思想をうえつけられていた。また、ダラスは暴力とヒステリーの都市であり、弱々しく暗示にかかりやすく、混乱と憎悪に満ちていた。

もちろん、テキサス全部がダラスと同じではなかった。ケネディが訪れたサンアントニオではかれを熱狂的に迎えた。その次のヒューストンも保守的な町であったが、同じように友好的であった。一一月二二日、この日は曇り空で雨模様だった。ケネディはフォートワースで早朝にもかかわらず熱弁をふるった。しかし、そのとき読んだダラスの新聞はケネディ攻撃の文章で埋められていた。ケネディは容共主義者として激しく非難されていた。

## ❖ダラスの悲劇

フォートワースでの日程を終えると、ケネディの一行はダラスに向かった。ジョンソン副大統領、コナリー州知事もいっしょだった。ダラス市には暖かい太陽が輝いていた。市民も暖かい気持ちで大統領を迎えた。約五〇〇〇の市民が空港に集まっていた。ジャクリーン夫人がまず飛行機のドアから姿を現した。かの女は左手に赤いバラの花束を抱きながら、夫といっしょにフェンスのところまで行くと、笑顔で握手しはじめた。ケネディも、これにつづいて群衆のところに行き、握手した。コナリー州知事は、オープンカーの中に立って、このありさまを満足げに見ていた。テキサスでのケネディの遊説旅行は成功裏に進んでいたのだ。これは予想以上のことだった。コナリーは大統領夫人と自分の妻を助けて、大統領の車に乗せた。このあとからケネディが乗り込んだ。待機していたオートバイの轟音がとどろき始めた。ケネディの最後の自動車行進は、進み始めた。

最初の数キロはきわめて順調だった。車が町に入るにつれて群衆の数はだんだんふくれ上がった。一二時三〇分少し前、自動車の列は、ゆっくりとメインストリートに入っていた。テキサスの人たちは両側の歩道を埋め、大統領とジャクリーンを見ようと街路にはみ出した。この光景は、ケネディがアメリカ中のどの都市を訪れても同じようなものだった。ケネディは手

倒れたケネディを乗せた車は全速力でパークランド記念病院へ向かう（後部座席の黒い影はケネディ、白い影はジャクリーン）（共同提供）

をふっていた。コナリー夫人はいった。「ダラスの人々があなた方をあまり歓迎しなかったなんてもういえませんね」。

やがて自動車の行列は、エルム街をまわって、坂をおり、テキサス教科書会社の倉庫の前にさしかかった。そのとき、かすかな銃声がきこえた。それは三発つづいた。ケネディの顔に奇妙な表情がうかび、それから頭はガックリとジャクリーンのほうに傾いた。弾丸が頭と首に命中したのであった。「オー・ノー・ノー・ああ神様、誰かが私の夫を射った」というジャクリーンの悲痛な叫び声が起こった。自動車の行列は乱れ、傷ついたケネディを乗せた車は全速力でそこから六キロ半はなれたパークランド記念病院に向かった。

しかし、手当てのかいもなく、ケネディはまもなく死んだ。一つの時代は終わった。

ケネディを射った容疑者は直ちに逮捕された。リー＝ハーベイ＝オズワルドという男であった。しかし、オズワルドが、どういう動機でケネディを暗殺したのか、単独の犯行か組織が背後にあるのか、そういうことは永遠の謎となってしまった。それは、かれもまた、捕えられてからあと、暴漢のため射殺されたからである。そのあと、政府は調査委員会をつくって、ケネディ暗殺について調査を行なったが、その報告書を読んでも、なぜ、ケネディは殺されなければならなかったか、本当は判らない。

### ❖ケネディの評価

この日、ケネディが行なうはずであったダラスでの演説の草稿は、ついに遺稿になってしまった。このケネディの論説草稿は、このときのケネディの考え方をよく表している。かれは、大統領の仕事の一つは、国民を教育することにあると考えていた。それゆえに、かれと意見を異にする人々が多いダラスにあえて乗り込んだのであった。「複雑な問題の多い世界において、また失望と焦燥にみちている世界において、アメリカの指導者は学問と理性の光によって導かれなければならない」と述べるはずであった。そして、極端な右翼の人々に対して、「言葉のあやと現実とを混同し、空想と可能性とを混同する人々が、世界のあらゆる問題について、一見迅速で単純そうな解決案を持ち出して努力をふるうようになる」と強く警告するはずであった。

　ケネディの死は、中国を除く、世界の人々から惜しまれた。フルシチョフをはじめ共産主義者たちからも、話のわかるアメリカの政治家を失ったことを深く惜しむ声がきかれた。それは、かれが、疲れきったアメリカという世界の印象を一掃し、建国当時の指導者が考えていたように、この国を再建した人であったからである。

　わずか二年一〇か月の在任期間の間に、アメリカの社会を変え、世界の情勢を好転させたケネディは、実はこの死のときに大統領として最高潮の時であったのである。ケネディの計画「ニューフロンティア」は、すべて、再選されて八年の任期をつとめることを前提としてつくられていたのだが、それは途中で挫折せざるを得なかった。しかし、その計画の多くは、「偉大なる社会」の名の下に、ジョンソンがこれを引き

亡き大統領の柩を見送るケネディ家の人たち
（前列左からエドワード、キャロラインちゃん、ケネディ夫人、ロバート、ジョン坊や）

ついだのであった。

ふりかえってみると、ケネディは、人間としてわずか四六年の間に、普通の人のおそらく二倍以上の充実した仕事をしたと考えてよいであろうし、また、大統領としても、普通の大統領がその任期の間に上げる業績以上のものをあげたといってよいであろう。もちろん、ケネディの死から八年しか経過していない今日、歴史家も正確にかれを評価することはむずかしいであろうが、少なくともアメリカ史上偉大な大統領であったということはいえるであろう。ケネディほど積極的であり、かつ勇気を持った大統領は数少ない。いつでも、「さあ、始めよう」といって、いかなる困難な問題でも正面からぶつかっていった。「良心にしたがうとき、われわれが直面する犠牲がどんなに大きくても、また、友人や財産や安楽を失い、仲間の尊敬を失うようなことがあっても、われわれは進むべき道を決断しなければならない」とかれは言ったが、かれはその言葉を、そのとおり実行した政治家であった。そのことは、私たちにも、大きな教訓を与えてくれるものであろう。

# あとがき

第二次世界大戦直後からつづいていた冷たい戦争は、ケネディの時代をもって一応終わった。一九六〇年はパリの頂上会議が流れ、世界中が暗雲につつまれていたときであった。私はこの年西ヨーロッパに滞在していたが、西ドイツでもフランスでも、いわば準戦時体制といってもよいような緊張ぶりであった。しかし、ケネディの登場によって情勢は徐々に好転した。かれは大統領就任演説でも述べているように、ソ連を〝敵〟とは呼ばなかった。話し合えば冷たい戦争は解消するという信念の下に、ケネディの外交政策は展開された。いわゆる非同盟中立国に対しても、ダレスのように中立は不道徳だとはいわなかった。もちろん、共産主義には反対であるけれども、体制の異なる共産主義国家とも平和的に共存し得ると考えていた。そして、ケネディが死んだ一九六三年には世界の情勢は一変していた。

もちろん、ソ連がケネディ外交に応じて平和共存体制に賛成したことも、見逃しがたい事実である。ソ連としては、戦争をするよりも、平和であったほうが、国民生活の改善に役に立つと考えたからであろう。ソ連の国民生活の水準は西側諸国に比べてはるかに低く、国民は金があっても買うものがないという情勢が最近までつづいていた。国民の生活を豊かにすることが、ソ連にとっては戦争よりもはるかに重要であったのである。もう一つ、ソ連にとって重要なことは、中国との関係悪化である。とくにそのイデオロギーをめぐっての論争は、ソ連の指導する共産主義国との関係から、ソ連にとっては相いれないものとされた。中国をおさえるには、米ソ関係を改善するほうがよりソ連にとって有利と考えられるに至ったのである。

ベトナム問題が、ケネディの時代からくすぶりかけていたことは事実だが、かれの時代には少なくとも、〝戦争〟という状態ではなかった。一九六四年七月一日には、ジョンソン大統領の意を受けてラスク国務長官が、インドシナで戦火を拡大せずに平和達成が可能だと新聞記者会見で言明しているほどである。ベトナムが本当に戦争といえる情勢に入ったのは、同年八月二日トンキン湾で北ベトナム魚雷艇によるアメリカ駆逐艦攻撃事件が起こり、これに対応するアメリカ側の態度からであった。ジョンソン大統領は、直ちに報復行動を命令し、議会は、大統領に対して東南アジアに対する侵略に抵抗する権限を与える決議を行なった。五日にはアメリカ空軍は初めて北ベトナムを爆撃した。私はこの時点において初めてベトナム戦争が始まったものと解釈している。したがって、ケネディがベトナム戦争を始めたのだという説は誤りである。ケネディが、東西関係の改善に全力をあげ、東南アジアについてあまり重視しなかったことは、今考えれば残念であるが、ケネディの時代には、せいぜい南ベトナムだけの国内問題でしかなかった。

しかし、ジョンソン大統領が、ベトナム戦争に深入りし、戦争をエスカレートしたことは、完全な失敗であった。外交において失敗であったばかりでなく、せっかく実現を見つつあった「偉大なる社会」の構想はくずれ、かれは一九六八年には大統領選挙出馬を自ら断念せざるを得なかった。

ケネディが、もし生きていて、一九六五年後も大統領であったならば、ベトナム問題にどう取り組んでいたであろうか、ということは、学問的には何ともいえない。しかし、ジャーナリスティックな立場から想像を加えることはできる。ベトナム問題はもともとは、南ベトナムの国内問題であり、いわば内戦である。内戦に対しては、外国は本来ならばどちらも援助すべきではなく、中立であるべきである。トルーマン＝ドクトリンは、ギリシア、トルコの共産ゲリラに対抗する自由政府に対して経済的軍事的援助をアメリカが積極的に与えるものであった。その結果、ギリシア、トルコの共産化は防げたけれども、冷たい戦争は激化した。この政策をアイゼンハウアー大統領もつづけたのである。ケネディは、トルーマン＝ドクトリンを否定はしなかったけれども、東西関係を改善し、共産主義を敵とはしなかった。北ベトナムが南に侵攻してベトコンを援助することに対抗して、ただちに武力を発動することはおそらくかれは避けたであろう。その代わりに、ソ連と交渉し、ソ連とともに北ベトナムの進出をおさえる外交手段をとったにちがいない。ベトナム戦争に対するソ連の態度から考えて十分考え得ることである。また、中国に対して、米ソ共同で牽制を加えることも行なったかも知れない。少なくとも、アメリカにとって直接何の関係もないベトナムで、多くの将兵の血を流し、ただでさえ不安定な東南アジアを混乱に導くような誤った政策をとることは決してなかっただろうと思われる。

# ケネディ年譜

●算用数字は月数をあらわす

| 西暦 | 年齢 | 年譜 | 社会的事件ならびに参考事項 |
|---|---|---|---|
| 一九一七 | | 五月二九日、マサチューセッツ州ブルックリンに生まれる | |
| 四六 | 29 | マサチューセッツ州第一一選挙区から下院議員に当選 | |
| 四八 | 31 | 再選 | |
| 五〇 | 33 | 三選 | |
| 五二 | 35 | マサチューセッツ州より上院議員に当選 | |
| 五三 | 36 | ジャクリーン=リー=ブーヴィアと結婚 | |
| 五八 | 41 | 上院議員に再選 | |
| 六〇 | 43 | 7・民主党大統領候補に指名される<br>11・大統領に当選 | |
| 六一 | 44 | 1・第三五代大統領に就任。貧窮者に対する余剰食糧の分配増加の大統領行政命令、経済の早期回復を強調した一般教書を議会に送る<br>2・経済教書、国際収支特別教書を送る。高齢者の医療保障、失業者保障その他を含む経済計画を議会へ。フルシチョフ首相に会談申し込み。資源開発および保護のための特別教書、ドル防衛法案を発表<br>3・平和部隊に関する特別教書。平和部隊編成に着手。低中所得者のための住宅建設と都市開発に関する特別教 | 米英ソ三国核停会議ジュネーヴで再開 |

| | |
|---|---|
| 書。ラテンアメリカ開発援助一〇か年計画（進歩のための同盟）案を発表。ラオスへの軍事援助増強を指令。対外援助特別教書、予算教書<br>米英首脳会談。住宅建設のための諸計画の立法を要請。国防予算教書 | |
| 4・米英首脳会談（ワシントン）米西独首脳会談（ワシントン）ケネディ、キューバに関するフルシチョフ書簡に回答。税制に関する特別教書 | 大統領選挙におけるコロンビア地区の選挙人定数を定めた憲法修正第二三条発効。ピッグス湾事件 |
| 5・カナダ訪問。宇宙開発・国防・経済などに関する第二次一般教書。パリ訪問、米仏首脳会談 | 地域再開発法成立。最低賃金引き上げ法成立。人間ロケット打ち上げ |
| 6・ウィーンでフルシチョフと会談。米英首脳会談（ロンドン）。米日首脳会談（ワシントン） | アラバマ州でフリーダム-ライダーズ騒動。軍縮局設置。住宅法および社会保障法成立 |
| 7・海員ストに対してタフト-ハートレイ法発動<br>テレビ演説、"力を背景に交渉し、ベルリンを守る"決意を表明。ベルリン危機に備えて国防費・兵員の増加を議会に要請 | 米ソ軍縮交渉モスクワで再開 |
| 8・記者会見でベルリン問題の平和的解決に努力を表明。西ベルリン増援部隊の派遣発表 | 「進歩のための同盟」のプンタ-デル-エステ憲章調印。ジョンソン副大統領ベルリン訪問。黒人生徒のアトランタの公立学校入学。三国核停会議、ソ連の核実験再開声明で無期休会に入る |
| 9・地下核実験の再開を命令。国連総会で演説 | 平和部隊成立 |
| 10・南ベトナム援助強化、テーラー大将の派遣を発表 | |
| 11・米印首脳会談（ワシントン）。米西独首脳会談 | 国際開発局発足 |
| 12・南ベトナム白書発表。ベネズエラ・コロンビア訪問。 | |

一九六二

45

米英首脳会談（バーミューダ）

1・年頭一般教書で三四項目の立法を要請。予算教書。経済報告提出。通商特別教書を送り、通商拡大法の立法を要請。農業特別教書で食糧農業法の立法を要請

2・社会福祉計画の改訂立法を要請する特別教書。キューバ白書発表。公立学校援助五か年計画の立法を要請。高齢者医療保障のための社会保障制度修正法案の立法を再び要請

3・リクリエーション地区開発八か年計画の立法を要請。フルシチョフに米ソ共同宇宙空間調査五項目計画を提案。貿易拡大のため輸入税の大幅削減を報告人的資源開発および再訓練法成立

4・全国輸送制度の根本的改訂を議会に要請。大気圏内核実験再開命令。米英首脳会談。

5・ラオスからの共産勢力侵攻に備えてタイへの軍隊増派命令。ニューヨークで高齢者医療立法に関する演説

6・税制改訂法案の立法を要請。イェール大学で経済回復のため実業界の協力要請演説。メキシコ訪問

7・フィラデルフィアで「大西洋連合体」演説

三国核停会議再開。米州機構キューバの追放を決議。都市問題省の設置法案下院議運委で否決

アメリカ初の人間衛星成功

米ソ一九六二―六三年度科学・教育・文化・技術等交流協定に調印。鉄鋼会社、鉄鋼値上げ発表

フルシチョフ、ケネディ提案受諾（文化）

USスチール鉄鋼の値上げを発表、他の大手各社も値上げを発表。鉄鋼六社値上げ撤回。レインジャー4号月に向けて打ち上げ。平和部隊拡大法成立

人間衛星二号地球を三周

米ソ宇宙空間研究協力協定調印。ラオスに関する中立宣言の調印。ミシシッピ州連邦裁メレディスの入学を命令。一九五〇年国防生産法の延長法成立

第一回水爆地下実験。テルスター衛星による米・欧州間テレビ送信成功。公共福祉法修正成立

| 年 | 年齢 | 事項 | 関連事項 |
|---|---|---|---|
| | | 8・六三年一月以後の核実験停止に関するフルシチョフ提案に同意 | 連邦選挙における投票税禁止を定めた憲法修正第二四条議会通過（一九六四年一月発効）<br>通信衛星法成立 |
| | | 9・キューバに関する声明 | 経済的不況地域における公共事業費九億ドル支出法成立。ミシシッピ州知事メレディスの入学連邦命令を拒否。オックスフォードで暴動。<br>「進歩のための同盟」メキシコ会議始まる |
| | | 10・ | メレディス、連邦保安官に守られて入学登録。通商拡大法成立。キューバへのソ連ミサイル明白となる。税制改訂法成立。連邦援助高速道路法成立。キューバ封鎖決定。キューバ封鎖実施。キューバ危機回避にフルシチョフ同意 |
| | | 11・中間選挙。米西独首脳会談。連邦援助を受けている建物における人種差別を禁止する命令。ソ連第一副首相ミコヤンと会談 | キューバ封鎖解除 |
| | | 12・米英首脳会談（バハマ） | 初の日米貿易経済合同委員会 |
| 一九六三 | 46 | 1・年頭一般教書　予算教書　減税税制改革の立法を要請。連邦教育援助法案の立法を再度要請。農業特別教書 | |
| | | 2・特別教書で国内平和部隊（国民奉仕団）および青年国土保全団の創設を要請。高齢者のための医療立法を再び要請。公民権に関する特別教書 | |
| | | 3・ラテンアメリカ諸国首脳と会談のためコスタリカ、サンホセを訪問 | |
| | | 4・ | アラバマ州バーミングハムで人種差別反対のデ |

| | | |
|---|---|---|
| | | モ |
| 5 | アラバマ州へ連邦軍派遣 | クーパー飛行士人間衛星で地球二二周 |
| 6 | アメリカ大学で「平和の戦略」演説。人種差別について全米に放送。新たに公民権法案の立法を要請。アイルランド、イギリス、イタリア、ベルリン、西ドイツ訪問の途に出発 | アラバマ大学黒人入学拒否すわりこみで連邦軍派兵。NAACPのエバーズ支部長射殺事件。ワシントン-モスクワ間直通通信線設置協定ジュネーヴで調印 |
| 7 | 移民法の割当制度撤廃を提案 | |
| 8 | | 米英ソ三国モスクワで部分的核停条約に調印。ワシントン大行進 |
| 9 | | アラバマ州知事、州内各地で黒人の入学拒否。再度連邦軍アラバマに派兵。アラバマ州バーミングハムで教会爆破事件。黒人青年射殺事件。バーミングハム事件の抗議大集会全国各地で行なわれる。上院部分核停条約を批准 |
| 10 | | ソ連に対するアメリカ小麦の売却許可。部分的核実験停止条約発効 |
| 11 | テキサス州ダラスで兇弾にたおれる。ケネディ葬儀。ワシントン郊外のアーリントン国立墓地に埋葬 | |

# 参考文献


『勇気ある人々』　ジョン＝ケネディ　下島連訳　日本外政学会　昭23
『平和のための戦略』　ジョン＝ケネディ　綱野軍次・小谷秀二郎訳　日本外政学会　昭36
『ジョン＝ケネディ』　ジェームス＝バーンズ　下島連訳　日本外政学会　昭36
『異色のケネディ一家』　国貞理子著　新潮社　昭36
『ニューフロンティア』　ジョン＝ケネディ　坂西志保訳　時事通信社　昭38
『ニューフロンティア(2)』　ケネディ、ボールズ、スティーブンソン　入江通雄訳　時事通信社　昭38
『ニューフロンティア(3)』　ケネディ、ラスク、スティーブンソン　入江通雄訳　時事通信社　昭38
『ケネディ家の人々』　ジョセフ＝ディニーン　中曽根由紀訳　日本外政学会　昭38
『悲劇の大統領』　ヒュー＝サイディ　鷺村達也・佐藤亮一訳　荒地出版社　昭39
『ケネディの道』　セオドア＝ソレンセン　大前正臣訳　弘文堂　昭41
『ケネディ』　アーサー＝シュレジンガー　中屋健一訳　河出書房　昭41
『ケネディ』　中屋健一著　旺文社　昭41
『ケネディとともに一二年』　エベリン＝リンカン　宮川毅・倉田保雄訳　恒文社　昭41
『ケネディ名言集』　下島連著　ポプラ社　昭41
『ケネディ』　高村暢児著　ポプラ社　昭41
『ケネディの時代』　中屋健一編　東大出版会　昭43

●写真出典

THE KENNEDY YEARS
The Viking Press, Inc. 1964.
JOHN FITZGERALD KENNEDY
United States Information Agency
Washington, D. C. 1964.
共同フォトサービス
WIDE WORLD PHOTO
ASSOCIATED PRESS PHOTO

# さくいん

## 【た行】



## 【な行】



## 【は行】

新《しん》・人《ひと》と歴史《れきし》　拡大版《かくだいばん》　33

**ケネディとニューフロンティア**

定価はカバーに表示

2018年11月10日　　初　版　第1刷発行

著　者　　中屋《なかや》　健一《けんいち》
発行者　　野村　久一郎
印刷所　　法規書籍印刷株式会社
発行所　　株式会社　**清水書院**
〒102－0072
東京都千代田区飯田橋3－11－6
電話　03－5213－7151㈹
FAX　03－5213－7160
http://www.shimizushoin.co.jp

カバー・本文基本デザイン／ペニーレイン
乱丁・落丁本はお取り替えします。　　ISBN4－389－44133－3